Heidi Gidion

Und ich soll immer alles verstehen ...

HERDER / SPEKTRUM

Band 4214

Das Buch

Vieles schwingt mit in der Beziehung zwischen Müttern und Töchtern, Töchtern und Müttern: sehnsuchtsvolles, aber auch Bitteres, Gefühle des Versagens, aber auch der engen Verbundenheit. Wie reagieren Töchter auf die Erwartungen der Mutter, wie die Mütter auf die wachsende Selbständigkeit der Tochter? Im Spiegel großer Literatur leuchtet Heidi Gidion mit psychologischem Spürsinn die ganze Spannbreite der Mutter-Tochter-Beziehung aus. In den von ihr ausgewählten Texten sind die Spuren besonders tief und plastisch, Spuren, die ein ganzes Leben prägen können. Es sind Texte u. a. von Lou Andreas-Salomé, Doris Lessing, Elfriede Jelinek, Waltraud Anna Mitgutsch, Sylvia Plath, Gisela Steineckert, Christa Wolf, Virginia Woolf, Marina Zwetajewa. Ein Buch, das nicht nur psychologische Einblicke und Ausblicke ermöglicht, sondern auch ein echtes Leseerlebnis bietet.

Die Autorin

Heidi Gidion, Dr. phil., Literaturwissenschaftlerin, zahlreiche Veröffentlichungen zu literarischen und psychologischen Themen.

Heidi Gidion

Und ich soll immer alles verstehen ...

Auf den Spuren von Müttern und Töchtern

Herder
Freiburg · Basel · Wien

Herstellung: Freiburger Graphische Betriebe 1993
Umschlaggestaltung: Joseph Pölzelbauer
Umschlagmotiv: Edvard Munch,
Mädchen auf der Landungsbrücke (1900), Privatsammlung
ISBN 3-451-04214-2

Inhalt

Märchenmutter, Märchentochter: Die drei Blutstropfen

„Mutter", „Mama", „Mutti", „Mami":

Namen für eine Realität, eine Erinnerung, einen Wunsch, eine Vorstellung ...

Und deshalb macht es keinen großen Unterschied, ob wir den Spuren von Müttern und Töchtern in Briefen folgen oder in anderen Zeugnissen aus dem sogenannten realen Leben – oder ob wir auf die Suche gehen in autobiographischen Texten oder gar in Produkten dichterischer Einbildungskraft, damals, heute. Mir fiel auf, daß Autorinnen, die erklärtermaßen ihre eigene Lebensgeschichte zum Stoff der fiktiven Ereignisse in ihren Texten nahmen, dennoch „Roman" unter den Titel ihrer Geschichte setzten. Ein für alle Mal hat Goethe mit seinem klugen Autobiographie-Titel „Dichtung und Wahrheit" kurz und bündig alles Nötige zum Thema gesagt: Jedes ausgesprochene, jedes geschriebene Wort gestaltet und interpretiert; – ist „Dichtung". Das reine, bloß registrierende Abbilden der Wirklichkeit gibt es nicht. Wir wissen: Selbst Fotos können es nicht; immer kommt die Wahl des Standpunkts, die Dauer der Beleuchtung, die Auswahl des Ausschnitts aus dem Ganzen hinzu als subjektive Zutat.

Jene Autorinnen wählten das Wort „Roman" auch, um zu pochen auf dem Eigenrecht von Dichtung: Die „Wahrheit" der Dichter ist nicht abzulösen von ihrer Form; der gelingenden Form steht ihre Wahrheit gewissermaßen an der Stirn geschrieben. Dichter sind Seismographen der Wirklichkeit, sensible Vermittler, oft vorwegnehmend, was von der Geschichte erst später eingeholt wird.

Und deshalb wollen wir die Kinderfrage: „Ist das denn aber auch alles wahr?" an unsere hier versammelten Autorinnen und Autoren getrost auch richten dürfen – und dann aber auch uns zufriedengeben mit ihrer Antwort: Ich habe dargestellt, was ich als meine Erfahrung darstellen wollte. Ich stehe zu ihr.

„Das Eigenrecht von Dichtung": Alle diese Texte sind – selbstverständlich – sehr viel mehr als eine Motiv-Sammlung. Wenn hier auch nur Ausschnitte von Texten auf ein Motiv hin ausgewählt und betrachtet werden, so sei darüber die schöne Ganzheit nie vergessen, aus der die Ausschnitte stammen und auf die sie verweisen. Im Hintergrund stehen sie unverkürzt, die Bücher, und laden ein zur eigenen Lektüre.

In einem unserer modernen Romane heißt es:

„Was sie sich wünschte, war eine Mutter. Was die ganze Welt sich wünschte, wenn sie krank oder müde oder elend oder einsam war, war eine Mutter – eine tüchtige, gesunde Mutter, ohne eigene Probleme, die angereist käme und alles in die Hand nähme. Angela lag auf ihrem Bett, hielt die Augen geschlossen und phantasierte. Eine gütige, patente Frau in reiferem Alter, die ihr gegenüber sicher auftrat, die keine Mätzchen duldete, aber auch keinen Wirbel machte. Eine Dame, die Ruhe und heitere Gelassenheit ausstrahlte, die den Haushalt organisieren konnte und eine friedliche und gemütliche Atmosphäre schuf. Eine Hilfe, die im richtigen Augenblick im Hintergrund verschwand und doch immer da war, wenn man sie brauchte. Ich wünsche mir den Mond, dachte Angela, und zwei heiße Tränen des Selbstmitleids tropften auf ihre Wangen."

Bei einer anderen Autorin heißt es:

„Wo doch das Wort Mama auch den breiten Schoß bedeutete, auf dem ich sitzen durfte, das weiche Gesicht, das man küssen konnte ...

Mama, das waren Koseworte, wie ich sie später nie wieder hörte, Häschen und Goldkind, das war der Duft der Weihnachtsbäckerei, wenn ich im Advent aus der Dunkelheit ins warme helle Wohnzimmer kam. Mama bedeutete Geborgenheit ...".

Mama. Der Name für eine Person und zugleich für das tiefste Bedürfnis – für eine Utopie, die in Glücksfällen zu einer Erfahrung wurde.

„Die mütterliche Liebe, die stets gibt und nichts verlangt", hat die Dichterin Rose Ausländer erfahren und gedichtet. Die Märchenmutter, wie es sie gab und gibt.

Erinnern Sie sich an diese Mutter der Brüder Grimm?

Die Gänsemagd

„Es lebte einmal eine alte Königin, der war ihr Gemahl schon lange Jahre gestorben, und sie hatte eine schöne Tochter. Wie die erwuchs, wurde sie weit über Feld an einen Königssohn versprochen. Als nun die Zeit kam, wo sie vermählt werden sollten und das Kind in das fremde Reich abreisen mußte, packte ihr die Alte gar viel köstliches Gerät und Geschmeide ein, Gold und Silber, Becher und Kleinode, kurz alles, was nur zu einem königlichen Brautschatz gehörte, denn sie hatte ihr Kind von Herzen lieb. Auch gab sie ihr eine Kammerjungfer bei, welche mitreiten und die Braut in die Hände des Bräutigams überliefern sollte, und jede bekam ein Pferd zur Reise, aber das Pferd der Königstochter hieß *Falada* und konnte sprechen. Wie nun die Abschiedsstunde da war, begab sich die alte Mutter in ihre Schlafkammer, nahm ein Messerlein und schnitt damit in ihre Finger, daß sie bluteten: darauf hielt sie ein weißes Läppchen unter und ließ drei Tropfen Blut hineinfallen, gab sie der Tochter und sprach ‚liebes Kind, verwahre sie wohl, sie werden dir unterwegs not tun'.

Also nahmen beide voneinander betrübten Abschied: das Läppchen steckte die Königstochter in ihren Busen vor sich, setzte sich aufs Pferd und zog nun fort zu ihrem Bräutigam. Da sie eine Stunde geritten waren, empfand sie heißen Durst und sprach zu ihrer Kammerjungfer ‚steig ab, und schöpfe mir mit meinem Becher, den du für mich mitgenommen hast, Wasser aus dem Bache, ich möchte gern einmal trinken.' ‚Wenn Ihr Durst habt', sprach die Kammerjungfer, ‚so steigt selber ab, legt Euch ans Wasser und trinkt, ich mag Eure Magd nicht sein.' Da stieg die Königstochter vor großem Durst herunter, neigte sich über das Wasser im Bach und trank, und durfte nicht aus dem goldenen Becher trinken. Da sprach sie ‚ach Gott!' da antworteten die drei Blutstropfen ‚wenn das deine Mutter wüßte, das Herz im Leibe tät ihr zerspringen.' Aber die Königsbraut war demütig, sagte nichts und stieg wieder zu Pferde. So ritten sie etliche Meilen weiter fort, aber der Tag war warm, die Sonne stach, und sie durstete bald von neuem. Da sie nun an einen Wasserfluß kamen, rief sie noch einmal ihrer Kammerjungfer ‚steig ab und gib mir aus meinem Goldbecher zu trinken', denn sie hatte aller bösen Worte längst vergessen. Die Kammerjungfer sprach aber noch hochmütiger ‚wollt Ihr trinken, so trinkt allein, ich mag nicht Eure Magd sein.' Da stieg die Königstochter hernieder vor großem Durst, legte sich über das fließende Wasser, weinte und sprach ‚ach Gott!' und die Blutstropfen anworteten wiederum ‚wenn das deine Mutter wüßte, das Herz im Leibe tät ihr zerspringen.' Und wie sie so trank und sich recht überlehnte, fiel ihr das Läppchen, worin die drei Tropfen waren, aus dem Busen und floß mit dem Wasser fort, ohne daß sie es in ihrer großen Angst merkte. Die Kammerjungfer hatte aber zugesehen und freute sich, daß sie Gewalt über die Braut bekäme: denn damit, daß diese die Blutstropfen verloren hatte, war sie schwach und machtlos geworden."

So schlimm geht es weiter. Die rechte Braut muß Gänsemagd sein, aber ihr treues Pferd Falada – eine Gabe der Mutter – spricht auch mit abgehauenem Kopf immer noch die Worte, in denen mütterlicher Segen und Schutz wirksam sind hinweg über Zeit und Raum, wie zuvor in ihren drei Blutstropfen:

> O du Jungfer Königin, da du gangest,
> Wenn das deine Mutter wüßte,
> Ihr Herz tät ihr zerspringen.

Und durch diese Worte wendet sich dann am Ende alles, alles zum Guten, denn die Tochter hat sie im Eisenofen auch noch einmal beschwörend gesprochen:

> Wenn das meine Mutter wüßte,
> Das Herz im Leib tät ihr zerspringen.

Und die gute, mitfühlende Mutter, die ihr Kind so wohlausgestattet mit materiellen und immateriellen Gaben hatte in die Fremde ziehen lassen zum Mann – was wird aus ihr? Davon schweigt des Märchens Höflichkeit. „Und beide beherrschten ihr Reich in Frieden und Seligkeit." So heißt es vom jungen König und seiner jungen Gemahlin – die jetzt offensichtlich nicht mehr „Tochter" ist …

Das Märchen kennt keine Zwischentöne und keine unlösbaren Probleme. Es kennt deshalb auch nur zwei Arten von Müttern – die „rechte", richtige: Das ist unsere Wunschmutter, unsere gute, liebe, sorgende, im rechten Moment zurücktretende Mutter. Und wenn sie das alles nicht ist und tut? Das Märchen weiß geniale Auskunft: Dann ist sie eben nicht die rechte, richtige Mutter, dann ist sie eben eine Frau, die von allem als „mütterlich" Geltenden das gerade Gegenteil tut und daher den Namen „Stiefmutter" tragen muß. Hat Ihnen Ihre Mutter vielleicht auch dieses Märchen vorgelesen?

Brüderchen und Schwesterchen
„Brüderchen nahm sein Schwesterchen an der Hand und sprach: ‚Seit die Mutter tot ist, haben wir keine gute Stunde mehr; die Stiefmutter schlägt uns alle Tage, und wenn wir zu ihr kommen, stößt sie uns mit den Füßen fort. Die harten Brotkrusten, die übrig bleiben, sind unsere Speise, und dem Hündlein unter dem Tisch gehts besser; dem wirft sie doch manchmal einen guten Bissen zu. Daß Gott erbarm, wenn das unsere Mutter wüßte! Komm, wir wollen miteinander in die weite Welt gehen.'"

Und in einem anderen Märchen sieht es nicht anders aus:

Hänsel und Gretel
„Vor einem großen Walde wohnte ein armer Holzhacker mit seiner Frau und seinen zwei Kindern; das Bübchen hieß Hänsel und das Mädchen hieß Gretel. Er hatte wenig zu beißen und zu brechen, und einmal, als große Teuerung ins Land kam, konnte er auch das tägliche Brot nicht mehr schaffen. Wie er sich nun abends im Bette Gedanken machte und sich vor Sorgen herumwälzte, seufzte er und sprach zu seiner Frau ‚was soll aus uns werden? wie können wir unsere armen Kinder ernähren, da wir für uns selbst nichts mehr haben?' ‚Weißt du was, Mann', antwortete die Frau, ‚wir wollen morgen in aller Frühe die Kinder hinaus in den Wald führen, wo er am dicksten ist: da machen wir

ihnen ein Feuer an und geben jedem noch ein Stückchen Brot, dann gehen wir an unsere Arbeit und lassen sie allein. Sie finden den Weg nicht wieder nach Haus und wir sind sie los.' ‚Nein, Frau', sagte der Mann, ‚das tue ich nicht; wie sollt ichs übers Herz bringen, meine Kinder im Walde allein zu lassen, die wilden Tiere würden bald kommen und sie zerreißen.' ‚O du Narr', sagte sie, ‚dann müssen wir alle viere Hungers sterben, du kannst nur die Bretter für die Särge hobeln', und ließ ihm keine Ruhe, bis er einwilligte. ‚Aber die armen Kinder dauern mich doch', sagte der Mann.

Die zwei Kinder hatten vor Hunger auch nicht einschlafen können und hatten gehört, was die Stiefmutter zum Vater gesagt hatte. Gretel weinte bittere Tränen und sprach zu Hänsel ‚nun ists um uns geschehen.'"

Zu Beginn meinten wir doch deutlich gehört zu haben, daß es sich um die eigene Mutter der Kinder handelte. Aber, nicht wahr, das *kann nicht sein,* daß eine Mutter in der Not ihre eigenen Kinder lossein will. Und so wird es im zweiten Absatz klargestellt: Das kann nur die Ausgeburt eines bösen Hirns gewesen sein, und das trägt im Märchen allemal den Namen „Stiefmutter".

Und wenn wir den Namen „Tochter" aussprechen? Haben wir da auch gleich ein kollektives Wunsch- und Traumbild? Wie sieht eine rechte, richtige Tochter aus? Das Märchen weiß auch da Auskunft:

Schneeweißchen und Rosenrot

„Eine arme Witwe, die lebte in einem Hüttchen, und vor dem Hüttchen war ein Garten, darin standen zwei Rosenbäumchen, davon trug das eine weiße, das andere rote Rosen: und sie hatte zwei Kinder, die glichen den beiden Rosenbäumchen, und das eine hieß Schneeweißchen, das andere Rosenrot. Sie waren aber so fromm und gut, so arbeitsam und unverdrossen, als je zwei Kinder auf der Welt gewesen sind: Schneeweißchen war nur stiller und sanfter als Rosenrot. Rosenrot sprang lieber in den Wiesen und Feldern umher, suchte Blumen und fing Sommervögel: Schneeweißchen aber saß daheim bei der Mutter, half ihr im Hauswesen oder las ihr vor, wenn nichts zu tun war. Die beiden Kinder hatten einander so lieb, daß sie sich immer an den Händen faßten, sooft sie zusammen ausgingen: und wenn Schneeweißchen sagte ‚wir wollen uns nicht verlassen', so antwortete Rosenrot ‚so lange wir leben, nicht', und die Mutter setzte hinzu ‚was das eine hat, solls mit dem anderen teilen.' Oft liefen sie im Walde allein umher und sammelten rote Beeren, aber kein Tier tat ihnen etwas zuleid, sondern sie kamen vertraulich herbei: das Häschen fraß ein Kohlblatt aus ihren Händen, das Reh graste an ihrer Seite, der Hirsch sprang ganz lustig vorbei und die Vögel blieben auf den Ästen sitzen und sangen, was sie nur wußten. Kein Unfall traf sie: wenn sie sich im Walde verspätet hatten und die Nacht sie überfiel, so legten sie sich nebeneinander auf das Moos und schliefen, bis der Morgen kam, und die Mutter wußte das und hatte ihrentwegen keine Sorge ...

Schneeweißchen und Rosenrot hielten das Hüttchen der Mutter so reinlich, daß es eine Freude war hineinzuschauen. Im Sommer besorgte Rosenrot das Haus und stellte der Mutter jeden Morgen, ehe sie aufwachte, einen Blumenstrauß vors Bett, darin war von jedem Bäumchen eine Rose. Im Winter zündete Schneeweißchen das Feuer an und hing den Kessel an den Feuerhaken, und der Kessel war von Messing, glänzte aber wie Gold, so rein war er gescheuert. Abends, wenn die Flocken fielen, sagte die Mutter ‚geh, Schneeweißchen, und schieb den Riegel vor', und dann setzten sie sich an den Herd, und die Mutter nahm die Brille und las aus einem großen Buche vor, und die beiden

Mädchen hörten zu, saßen und spannen; neben ihnen lag ein Lämmchen auf dem Boden, und hinter ihnen auf einer Stange saß ein weißes Täubchen und hatte seinen Kopf unter den Flügel gesteckt."

So etwas gerät auch nicht in Verwirrung, als sich mit dem großen braunen Bären der Mann einschleicht in die Frauenwelt. Nach zwei, drei Mitleidstaten der Mädchen ist er seiner Bärenhaftigkeit entkleidet, bekommt die eine Rosenblüte, sein Bruder die andere, und:

„Die alte Mutter lebte noch lange Jahre ruhig und glücklich bei ihren Kindern. Die zwei Rosenbäumchen aber nahm sie mit, und sie standen vor ihrem Fenster und trugen jedes Jahr die schönsten Rosen, weiß und rot."

Wie weise sie doch sind, die unkomplizierten treuherzigen alten Märchen! Die ideale Mutter verschwindet im rechten Moment; die ideale Tochter bleibt mit der Mutter lebenslänglich verbunden, da sie ohnehin in ihre Fußstapfen getreten ist.

Was mich am stärksten zum Verfassen dieses Buches bewegt hat, war dieses:

Die Märchenmutter, die Wunschmutter hat es bis heute den wirklichen Müttern im Leben schwer gemacht. Als Forderung, als Inbegriff von Mütterlichkeit steht sie im Raum über die Jahrhunderte hinweg und prägt das ideale Selbstbild so mancher Frau. Sie prägt auch die unausgesprochen wirksame Erwartung, Mütter und Töchter müßten sich gleichsam „von Natur aus" nah sein, vertraut, einander aus dem Grunde verstehen. Und wenn das in der Wirklichkeit im Unterschied zum Märchen nicht so ist, dann erzeugt das leicht die bittersten Enttäuschungen, diese bekannten Schuldgefühle, führt zu Schuldzuweisungen, diesem bekannten Gefühl, versagt zu haben – als Mutter, als Tochter.

Was im Märchen nicht vorgesehen ist: die Zwiespältigkeit in ein und derselben Frau, die zeitweilig eine einfühlende Mutter sein mag und dann zu andern Zeiten in sich und ihren Bedürfnissen befangen – oder die gemischten Gefühle – oder das Wunderbare und das Schreckliche ein und desselben großen guten Gefühls, gerade das findet sich in der Regel in der Wirklichkeit und in der Wirklichkeit literarischer Texte.

Es sollte ferner ins Bewußtsein gerückt werden: Den Töchtern ist eine Weise der Selbstfindung spät erst notwendig geworden, nämlich erst von den Zeiten an, in denen eigene, von der Mutter ausdrücklich fortführende Wege für sie überhaupt wünsch- und denkbar wurden: Selbstfindung durch Opposition.

Daß so mancher Sohn erst als verlorener hat zu sich selbst finden können, daß Söhne in allen Formen von Protest gegen den Vater und Abschied von der Mutter aus dem Hänschen zum Hans werden können – das hat Tradition seit Märchenzeiten.

Für Mütter und Töchter gibt es solch eine Tradition noch nicht. Daher ist die Mutter bis heute leicht in der Versuchung, in der Tochter ihr Double zu suchen und sich verraten zu fühlen, wenn die Tochter gerade dieses Double nicht sein will. Und auch der Tochter erwächst daraus leicht ein großer Zwiespalt. So schreiben sie in unseren Texten:

„Wir denken zurück durch unsere Mütter" und „Wenn wir versuchen, uns zu definieren, greifen wir auf unsere Mütter zurück"; sie schreiben aber auch:

„Wenn ich das Phantom nicht getötet hätte, würde es mich umbringen" und „Warum fange ich an zu stottern, wann immer ich mich ihr mit Worten nähere, wann immer ich sie als Spiegel benutzen möchte, um mich selbst schärfer zu sehen?"

Wohlgemerkt: Wir wollen über den hier zu Wort kommenden Stimmen keinen Augenblick lang vergessen, daß es sie immer noch gibt, wie es sie immer gegeben hat: die unproblematischen, die unkomplizierten Verhältnisse glücklichen Einverständnisses zwischen einer Mutter und ihrer Tochter.

Nach Ausdruck in Literatur drängt jedoch das andere: die Erfahrungen von Zwiespältigkeit, die jähen Umschläge von Nähe in Ferne, weil sie allermeist schmerzlich verborgen bleiben müssen gerade auf dem Hintergrund der stillschweigend gültigen Erwartung, die jede Tochter hegt (und auch alle Mütter hegten, als sie Töchter waren): „Wenn mich meine Mutter nicht versteht – wer sonst? Wenn nicht meine Mutter zu mir hält – wer sonst?"

Die hier versammelten Mütter und Töchter glauben an die bannende Macht des Worts. Sie glauben, daß die diffuse Ablehnung, die unterdrückte große Erwartung und die verleugnete große Enttäuschung zerstörerischer nach innen und nach außen wirken als die eingestandene, der sie ins Auge sehen können. Wo Aufrichtigkeit auch im Schreiben nicht erreicht wird, kann die Zerstörung nicht aufgehalten werden. Auch dafür werden wir Beispiele finden.

Und die Väter? Haben alle diese Töchter nur Mütter, haben sie nicht auch Väter? O ja, alle diese Töchter haben auch Väter, versteht sich, und deren Einfluß ist so groß, daß er einer eigenen Betrachtung bedarf – und hier nicht gleichsam nebenbei „miterledigt" werden kann. Nur soviel: In den meisten der hier versammelten Geschichten ist der Vater abwesend, aus den unterschiedlichsten äußeren Gründen: Sei es, daß er früh verstorben ist; sei es, daß die Ehe der Eltern geschieden ist; sei es, daß er die Berufstätigkeit als sein Feld und Haus und Kinder als Bereich der Frau in der altgewohnten Arbeitsteilung sieht – wobei er als die Graue Eminenz im Hintergrund oder als Donnergott oder als wirksames Korrektiv wiederum auf höchst unterschiedliche Weise abwesend anwesend sein kann; sei es, daß die Mutter gar keinen Wert auf seine Beteiligung legt, weil sie sie als Einmischung in ihren ureigenen Kompetenzbereich erlebt oder als Wiederkehr patriarchalischer Einflüsse fürchtet und daher abwehrt. Alle diese Varianten nehmen Gestalt an in unseren Texten.

Allen ist dieses gemeinsam:

Überlebensgroß wirft auch der abwesende Vater, oft: gerade er, seinen Schatten auf Mutter und Tochter; er bewegt ihre Phantasie, ihre Vorstellungen, zum Guten und zum Bösen.

Seiner – oft unsichtbaren – Mitgegenwärtigkeit müssen wir eingedenk sein, auch wenn nur wenig von ihm hier die Rede sein kann.

Was in den zahlreichen, immer zahlreicher werdenden Untersuchungen und Darstellungen, Abhandlungen und Protokollen der letzten Jahre als Charakteristika und Tendenzen der Beziehung zwischen Müttern und Töchtern aufgewiesen wurde, das existiert als lebendige Vielfalt, als Thema mit Variationen in den mehr oder weniger autobiographischen Texten, aus denen hier Stimmen laut werden: Momentaufnahmen, Bilder, Erfahrungen, Szenen, Überlegungen, Gefühle – die sich zu einer Collage zusammenfügen. In einem andern Bild gefaßt: Wie in einem Kaleidoskop dieselben Figuren zu immer neuen Konstellationen zusammenschießen, so auch hier.

Es handelt sich allerdings dabei in unserem Falle um ein ernstes Spiel, das sich in erster Linie nicht den Gesetzen des Zufalls verdankt oder denen des schönen Scheins, sondern den Geboten der Aufrichtigkeit.

So läßt *Christa Wolf,* eine unserer Autorinnen auf der Suche nach der unverstellten Kindheit, ihre Erzählerin seufzen:

„Wer gäbe nicht viel um eine glückliche Kindheit? Wer Hand an seine Kindheit legt, sollte nicht hoffen, zügig voranzukommen ... Das Schuldgefühl, das Handlungen wider die Natur begleitet, ist ihm sicher: Natürlich ist es, daß Kinder ihren Eltern zeitlebens dankbar sind für die glückliche Kindheit, die sie ihnen bereitet haben, und daß sie nicht daran tippen."

Und *Doris Lessing,* die das Leben ihrer Mutter verstehend rekonstruieren will, schreibt:

„Sie mochte mich nicht ... Doch dies zuzugeben, wäre ihr unmöglich gewesen: eine Mutter liebt ihr Kind, ein Kind seine Mutter. Und damit basta!"

Dieses Basta! steht wie ein unausgesprochenes mächtiges Tabu vor unseren Texten.

Dagegen ist Literatur am Werk: Sie erweitert gesellschaftliche Spielräume – so daß auch Befremdliches, Anstößiges, „Peinliches" wahrgenommen werden und zur Sprache kommen kann.

Und sie räumt auf mit einem ungebrochenen Glauben an linearen Fortschritt: Wir mögen es „herrlich weit" gebracht haben im Vergleich zu so manchen finsteren Zeiten – aber wie es in der Kulturgeschichte der Gefühle um Gewinn und Verlust bestellt ist, das wird im Nebeneinander älterer und neuerer Texte immer wieder aufs neue zu bedenken sein.

Ohne jedes Ausspielen von Vorurteilen gegeneinander, ohne jede stellungnehmende Bewertung kann der Satz am Anfang unseres Buches dastehen:

Mit der Geburt einer Tochter beginnt für die Mutter eine andere Geschichte als mit der Geburt eines Sohnes.

Eine Frau bringt eine kleine Frau zur Welt; nahezu zwangsläufig geht sie davon aus, daß sie noch einmal sich selbst zur Welt gebracht hat, und ihre erste Mitgift für das neugeborene Mädchen ist Mutters eigene Geschichte.

In *Theodor Fontanes* Roman *„Effi Briest"* ist mit der einen, unverwechselbaren Mutter Luise von Briest zugleich etwas Allgemeingültigeres anschaulich Bild geworden; der Roman beginnt nach einer Ortsbeschreibung so:

„Beide, Mutter und Tochter, waren fleißig bei der Arbeit, die der Herstellung eines aus Einzelquadraten zusammenzusetzenden Altarteppichs galt; ungezählte Wollsträhnen und Seidendocken lagen auf einem großen runden Tisch bunt durcheinander. ... Rasch und sicher ging die Wollnadel der Damen hin und her, aber während die Mutter kein Auge von der Arbeit ließ, legte die Tochter, die den Rufnamen Effi führte, von Zeit zu Zeit die Nadel nieder und erhob sich, um unter allerlei kunstgerechten Beugungen und Streckungen den ganzen Kursus der Heil- und Zimmergymnastik durchzumachen. Es war ersichtlich, daß sie sich diesen absichtlich ein wenig ins Komische gezogenen Übungen mit ganz besonderer Liebe hingab, und wenn sie dann so dastand, und, langsam die Arme hebend, die Handflächen hoch über dem Kopf zusammenlegte, so sah auch wohl die Mama von ihrer Handarbeit auf, aber immer nur flüchtig und verstohlen, weil sie nicht zeigen wollte, wie entzückend sie ihr eigenes Kind finde ...

Eben hatte sich Effi wieder erhoben, um abwechselnd nach links und rechts ihre turnerischen Drehungen zu machen, als die von ihrer Stickerei gerade wieder aufblickende Mama ihr zurief: ‚Effi, eigentlich hättest du wohl Kunstreiterin werden müssen. Immer am Trapez, immer Tochter der Luft. Ich glaube beinah, daß du so was möchtest.'

‚Vielleicht, Mama. Aber wenn es so wäre, wer wäre schuld? Von wem hab ich es? Doch nur von dir. Oder meinst du von Papa? Da mußt du nun selber lachen ... Du bist schuld. Warum kriege ich keine Staatskleider? Warum machst du keine Dame aus mir?'

‚Möchtest du's?'

‚Nein.'

Und dabei lief sie auf die Mama zu und umarmte sie stürmisch und küßte sie.

‚Nicht so wild, Effi, nicht so leidenschaftlich. Ich beunruhige mich immer, wenn ich dich so sehe ...'"

Im Handumdrehen findet sich Effi, die eben noch jungenhaft wild Herumtobende, die kindlich Phantasievolle – und ihrer Mutter leidenschaftlich Zugetane – verlobt mit dem doppelt so alten Mann, den die schöne Mama damals geliebt hatte, als sie so alt wie Effi war. Diese erzählt ihren Freundinnen:

„‚Geert von Innstetten also und Baron. Er ist geradeso alt wie Mama, auf den Tag.' – ‚Und wie alt ist denn eigentlich deine Mama?' – ‚Achtunddreißig.' – ‚Ein schönes Alter.' ‚Ist es auch, namentlich wenn man noch so aussieht wie die Mama. Sie ist doch eigentlich eine schöne Frau, findet ihr nicht auch? Und wie sie alles so weghat, immer so sicher und dabei so fein und nie unpassend wie Papa. Wenn ich ein junger Leutnant wäre, so würde ich mich in die Mama verlieben.' ...

‚Also Baron von Innstetten! Als er noch keine zwanzig war, stand er drüben bei den Rathenowern und verkehrte viel auf den Gütern hierherum, und am liebsten war er in Schwantikow drüben bei meinem Großvater Belling. Natürlich war es nicht des Großvaters wegen, daß er so oft drüben war, und wenn die Mama davon erzählt, so kann jeder leicht sehen, um wen es eigentlich war. Und ich glaube, es war auch gegenseitig.' – ‚Und wie kam es nachher?' – ‚Nun, es kam, wie's kommen mußte, wie's immer kommt. Er war ja noch viel zu jung, und als mein Papa sich einfand, der schon Ritterschaftsrat war und Hohen-Cremmen hatte, da war kein langes Besinnen mehr, und sie nahm ihn und wurde Frau von Briest ...'"

Effis spontane Gefühle Mamas früherem Geliebten gegenüber sind eindeutig. „‚Ich mag noch nicht hineingehen, und alles bloß, um einem Landrat guten Tag zu sagen, noch dazu einem Landrat aus Hinterpommern. Ältlich ist er auch, er könnte ja beinah mein Vater sein …'"

Aber die Mama interessiert sich nicht im mindesten für Effis Gefühle. Mit unbefragter Selbstverständlichkeit verfügt sie über Leib und Leben der Tochter, da diese ja ihr eigenes Fleisch und Blut ist. Das Geschick der Tochter schiebt sie in Gleise, die ihrer Lebensbahn zum Verwechseln ähnlich zu werden scheinen. Und dabei ist die Unterschiedlichkeit von Mutter und Tochter doch von Anfang an mit Händen zu greifen und der Mutter offensichtlich auch bewußt. Aber zugleich eben auch nicht bewußt. Vermutlich hält sie das Kommende für ein gutes Gegengewicht gerade gegen Effis Naturell, gegen dies sie beunruhigende „Immer Tochter der Luft".

Mit wachen Sinnen nimmt sie „das Bild frischesten Lebens" wahr, das da in der sprühenden Lebhaftigkeit der jungen Tochter vor ihr steht, und gleichzeitig kann sie es doch nicht genügend wahrnehmen als etwas ganz und gar von ihr Unterschiedenes, befangen wie sie ist in ihren Wünschen und Erinnerungen:

„‚Es ist am Ende das beste, du bleibst, wie du bist. Ja, bleibe so. Du siehst gerade sehr gut aus. Und wenn es auch nicht wäre, du siehst so unvorbereitet aus, so gar nicht zurechtgemacht, und darauf kommt es in diesem Augenblicke an. Ich muß dir nämlich sagen, meine süße Effi' – und sie nahm ihres Kindes beide Hände –, ‚ich muß dir nämlich sagen …' ‚Aber, Mama, was hast du nur? Mir wird ja ganz angst und bange.'

‚Ich muß dir nämlich sagen, Effi, daß Baron Innstetten eben um deine Hand angehalten hat.'

‚Um meine Hand angehalten? Und im Ernst?'

‚Es ist keine Sache, um einen Scherz daraus zu machen.

Du hast ihn vorgestern gesehen, und ich glaube, er hat dir auch gut gefallen. Er ist freilich älter als du, was alles in allem ein Glück ist, dazu ein Mann von Charakter, von Stellung und guten Sitten, und wenn du nicht ‚nein' sagst, was ich mir von meiner klugen Effi kaum denken kann, so stehst du mit zwanzig Jahren da, wo andere mit vierzig stehen. Du wirst deine Mama weit überholen'.

Effi schwieg und suchte nach einer Antwort."

Was die Mama mit diesem gutgemeinten letzten Argument, ganz gegen ihre guten Absichten, in Wirklichkeit benennt, das ist ein Irrtum mit tragischem Ausgang: Effi ist nun einmal nicht wie sie, ist nicht vierzig, und ihr Ziel ist es nicht, die Mama weit zu überholen.

Gerade diese in der Frauen-Geschichte tief verwurzelte Grundannahme, sie seien einander bis zur Identität verbunden und nah, diese beiden Frauen, gerade dieser häufig gar nicht bewußte Ausgangspunkt und seine fatalen Auswirkungen gehört zu den Grundmustern der Geschichten von Müttern und Töchtern, älteren und neueren. Offensichtlich muß jede Generation in ihren eigenen konkreten Anschauungen dieses Grundmuster auf eigene Weise aufs neue nachvollziehen.

Unsere Texte lassen sich auch lesen als ein großangelegtes Exerzitium, das im ernsten Spiel literarischer Bilder einüben kann in etwas nur scheinbar Selbstverständliches, in etwas, das immer aufs neue in Vergessenheit zu geraten droht:

Mit jeder Tochter fängt eine neue Geschichte an; mit jeder Tochter kann eine neue Geschichte anfangen; jede neugeborene Tochter ist die Chance einer neuen Geschichte.

Wenn sie doch ein Sohn wäre!

Ich wuchs auf mit der Überlieferung des Ausrufs der Großmutter väterlicherseits bei der Nachricht von meiner Geburt: „Ach, nur ein Mädchen ...". Und vielleicht hatte die Mutter nur deshalb diesen Satz nicht rasch vergessen, sondern an mich weitergegeben, weil schon sie selbst erfahren hatte, daß sie zunächst einmal eine Erwartung enttäuscht hatte: Sie war nicht der ersehnte Sohn, der den frühverstorbenen Ältesten ihrer Eltern „ersetzen" sollte.

Das fatalistische Verhältnis einer Frau zu sich selbst als Frau hat *Gustave Flaubert* in seinem Roman *„Emma Bovary"* zusammen mit guten Gründen für diese fatalistische Haltung dargestellt; von den vielen bildhaften Situationen scheint mir eine besonders erhellend: die Erwartung des ersten Kindes.

Charles Bovary, der Vater, träumt vom „Stammhalter", und Emma ist sich über ihr Verhältnis zu sich selbst nie so klar wie in diesen Gedanken über das künftige Geschlecht ihres Kindes:

„Sie wünschte sich einen Sohn; er würde kräftig und dunkelhaarig sein und Georges heißen; und dieser Gedanke, ein männliches Wesen als Kind zu bekommen, war wie die ersehnte Vergeltung für ihre vergangene Ohnmacht.

Ein Mann ist zumindest frei; er kann alle Leidenschaften und Länder durchlaufen, Hindernisse überwinden, die fernsten Glückseligkeiten genießen. Aber eine Frau ist ständig gehindert. Passiv und fügsam zugleich, hat sie die Schwächen des Fleisches zusammen mit der Abhängigkeit vom Gesetz gegen sich. Wie der von der Schnur zurückgehaltene Schleier ihres Hutes zuckt ihr Wille bei jedem Windstoß, stets gibt es ein Begehren, das mitreißt, ein Gebot der Schicklichkeit, das zurückhält.

Sie kam an einem Sonntag nieder, gegen sechs Uhr, bei Sonnenaufgang. ‚Es ist ein Mädchen!' sagte Charles. Sie wandte den Kopf und wurde ohnmächtig."

Der Roman war 1856 erschienen.

Obwohl fast hundert Jahre später geboren als die fiktive Tochter jener fiktiven Frau Emma Bovary, weiß die ganz und gar nicht fiktive Romanautorin *Doris Lessing* von genau der gleichen Erfahrung zu berichten – allerdings aus der Perspektive der Tochter, die als allererste Erfahrung auf der Welt (tief, tief im Unbewußten, versteht sich) die machen mußte, daß sie eine Enttäuschung war.

„Meine Mutter hatte eine schwere Schwangerschaft, wobei die morgendliche Übelkeit nur eine der Komplikationen war. Sie erwartete einen Sohn, Peter John. Warum erwog sie nicht wenigstens die Möglichkeit einer Tochter? Ihre leidenschaftliche Identifikation mit einem Sohn hatte, glaube ich, mit ihrem Bruder John zu tun, der nicht besonders intelligent war, sich nicht viel darum kümmerte, was er tat, und dennoch, als wäre es sein gutes Recht, in die Marine eintrat. Ich glaube, sie beneidete ihn bitterlich, aber diese Empfindung gehörte sich nicht für eine Schwester. Sie war es eigentlich, die zum Marineoffizier Seiner Majestät bestimmt war! Sie war die Kluge, die alles bewunderte, was mit Meer und Schiffen zu tun hatte, nie seekrank wurde. Sie war einfallsreich und schlagfertig. Sie war bescheiden und gutmütig und kam mit anderen Leuten zurecht. Als autoritäre Persönlichkeit, glücklich in einem straffgegliederten Leben, vermochte sie, Befehle auszuführen und Befehle zu geben. Natürlich gehörten auch negative Seiten zu dieser besonderen Persönlichkeit: die Unfähigkeit, sich in die Lage von Menschen zu versetzen, die anders waren; die Verachtung von Schwächen; ein Mangel an Verständnis für das, was sie als ‚morbid' bezeichnete: das Mehrdeutige, das Geistreiche, das Doppelsinnige – diese Bereiche würden ihr immer suspekt bleiben, und sie fühlte sich von ihnen bedroht.

Ich kann nur vermuten, mit ihr leidend, wie sehr sie sich als Mädchen enttäuscht fühlen mußte, wenn sie sah, wie ihr schwerfälliger Bruder das bekam, was eigentlich auch ihr zugestanden hätte. Und dennoch ließ sie nie etwas verlauten, außer in munteren kleinen Scherzen, trotzigen Scherzen. Was sie empfand, mußte indirekt ausgedrückt werden.

Meine Geburt war schwer, eine Zangengeburt, die auf meinem Gesicht ein scharlachrotes Mal hinterließ. Vor allem, ich war ein Mädchen. Als der Arzt meinen Namen wissen wollte und hörte, daß man keinen parat hatte, schaute er auf die Wiege hinunter und sagte sanft „Doris?" Meine Mutter stellte diese Szene – die Erschöpftheit des Arztes nach der langen Nacht, seine sanfte, taktvolle, doch vorwurfsvolle Frage – immer wieder in allen Einzelheiten dar, wie viele andere Szenen auch.

Natürlich nahm ich ihr das alles sehr übel, besonders, weil sie nicht einmal bemerkte, daß es mich doch wütend machen mußte. Wie konnte sie dastehen mit ihrem üblichen festen kleinen Lächeln und ihrer munteren Geselligkeit und mir erzählen, daß ich zuerst nicht erwünscht war; daß ein Mädchen zu kriegen eine schlimme Enttäuschung nach jenen langen Wehen bedeutete, daß es sie beinah umgebracht hätte; daß sie keine Milch für mich hatte und ich von vornherein mit der Flasche ernährt werden mußte und im ersten Jahr halbverhungert war und immerzu schrie, weil sie sich nicht klarmachte, daß die Milch der persischen Kühe nicht so nahrhaft war wie gute englische Landmilch; daß ich ein unmöglich schwieriges Baby war und dann ein aufreibendes Kind, ganz anders als mein kleiner Bruder Harry, der immer so lieb war. Und darum überließ sie mich dem Geschick der Kinderfrau und kümmerte sich selbst um Harry.

Besser es einmal aussprechen und dann genug davon: Meine Erinnerungen an sie bestehen aus lauter Feindseligkeit, Kampf und dem Gefühl, ausgeschlossen zu sein; aus Schmerz darüber, daß das zweieinhalb Jahre später geborene Baby so sehr geliebt wurde und ich nicht. Sie wollte nichts davon wahrhaben. Wie sie es sah: Ihre eigene Kindheit war kalt und ohne Liebe gewesen, und sie achtete stets darauf, daß ihre Kinder mit Liebe aufgezogen wurden. Liebe wurde ständig beschworen; und mit fünf Jahren war ich ein Experte im Erpressen von Gefühlen. Sie mochte mich nicht – das war es nun mal. Nicht ihre Schuld: ich kann mir niemand Ungeeigneteres als mich vorstellen, um ihr zu gefallen. Doch dies zuzugeben wäre ihr unmöglich gewesen: eine Mutter liebt ihr Kind, ein Kind seine Mutter. Und damit basta!"

Mit diesem „Basta" findet sich die um Aufrichtigkeit und Verständnis bemühte Tochter Doris Lessing nicht ab. Denn sie hat sie ja erlebt, die bis zum wechselseitigen Haß gehende Fremdheit zwischen sich und der Mutter. Von dieser real und konkret erfahrenen Vergangenheit läßt sie sich durch jenes nicht wahrhaben wollende „Basta" nicht abtrennen.

Und auch die um die Jahrhundertwende schreibende *Franziska zu Reventlow* notiert nüchtern Selbsterlebtes und hält fest:

„Mama und Prügel kriegen waren so ziemlich die ersten

Begriffe, die ihr Bewußtsein zu fassen vermochte und die für sie in eins zusammenfielen."

Und woran lag es, daß ihre Mutter, eine Gräfin, die mit ihrer Familie auf einem Schloß im Holsteinischen lebte, das Kind ebenso mißhandelte, wie es die Mutter in Franziska zu Reventlows autobiographischem Roman *„Ellen Olestjerne"* mit ihrer Tochter tut?

„Ellen kam allmählich zu dem Schluß, es läge alles nur daran, daß sie ein Mädchen war; das bekam sie ja unzählige Male zu hören: Kleine Mädchen dürfen nicht so wild sein – kleine Mädchen klettern nicht auf Bäume – kleine Mädchen müssen ihre Kleider schonen – diese verwünschten rosa und weißen Kleider, die sie zu Tisch anbekam und die immer gleich zerrissen oder schmutzig waren. Manchmal klagte sie dann verzweifelt dem Mädchen Lise ihr Leid: ‚Wenn ich doch nur ein Junge wäre!' Und Lise tröstete sie: ‚Warte nur, bis du sechs Jahre alt bist, dann wirst du einer.'

Der sechste Geburtstag kam und brachte ihr die erste, schwere Enttäuschung. Als sie aufwachte, wollte sie Kleider von Erik anziehen, denn jetzt war sie doch ein Junge und wollte auch verzogen und bewundert werden. Aber sie wurde nur entsetzlich ausgelacht, selbst der Vater lachte mit, und dann erfuhr sie, daß sie immer ein Mädchen bleiben müßte. An dem Tage konnte Ellen sich über nichts mehr freuen.

Dafür war sie nun sechs Jahre alt und sollte anfangen, lesen zu lernen, neben Mama auf der grünen Gartenbank stillsitzen mit den schrecklichen Buchstaben vor sich, die man nie behalten konnte.

Die Buchen waren eben erst grün geworden, die Luft voller Bienensummen und sommerlichem Gezwitscher. Das machte Ellen so zerstreut, daß es mit dem Lesen durchaus nicht gehen wollte. Drüben schaufelte Detlev in dem großen, weißen Sandhaufen, jeden Augenblick schielte sie sehnsüchtig zu ihm hinüber. Aber die Mutter ließ nicht aus, sie nähte und schalt, während Ellen wahre Fieberphantasien buchstabierte. Fast regelmäßig endete es mit Klapsen und Tränen, und dann kam das Allerschlimmste: der lange, graue Strumpf, an dem sie zur Strafe stricken mußte, – der Strumpf, der nie ein Ende nahm und auf den viele, viele Tränen hinunterliefen, während Detlev im Sand spielte und die Sonne schien. War Ellen dann endlich entlassen, so ließ die Mutter einen Augenblick ihre Näherei sinken und seufzte: ‚Es ist doch wirklich ein Kreuz mit dem Kind!'" –

... „Das war nicht mehr auszuhalten, ihr Gesicht glühte vor Zorn und Aufregung. Immer nur Schelte und Schläge –". Und nach einer der schweren Bestrafungen dachte sie: „– und Mama – nicht einmal die Hunde bekamen so viel Prügel – Mama hatte wohl die Hunde auch viel lieber."

Das klingt wie das Los des armen mutterlosen Mädchens im Märchen. Hier ist es eine leibhaftige eigene Mutter, die es noch nicht einmal böse meint, die dem Kind dieses Los aus – wie sie überzeugt ist – erzieherischen Gründen bereitet, und dabei ist es noch, wie im Märchen, sogar eine kleine Gräfin.

Und hier gibt es auch andere Momente, weiche. An einem Weihnachtsabend, nach dem Tod des ältesten Bruders Kai:

„Ellen stand vor ihrem Tisch, sie fand alles, was sie sich wünschte, und dazu noch ein Buch, das Kai gehört hatte. Mama kam und küßte sie. ‚Freust du dich, mein Kind – das ist ein Andenken an Kai – ihr müßt ihn nie vergessen.' Mama sah verweint aus. Es war selten, daß sie so gut mit Ellen sprach, und Ellen hätte sich für sie kreuzigen lassen in diesem Augenblick. Das Herz wurde ihr voll von Weihnachtsseligkeit, am liebsten hätte sie geweint."

Das ist der Unterschied zum Märchen. Da sind die „Stiefmütter" gewissermaßen verläßlich böse und hartherzig – während das zutiefst Verwirrende der realen Mutter diese Mischung ist, aus Härte und unvorhersagbarer Weichheit, diese unbegreifliche Mischung.

Es ist, als hätten die Brüder keinerlei Erziehung nötig – nur die Tochter. Aber ist „Erziehung" hier nicht nur ein beschönigender, bemäntelnder Name für etwas unheimlich Tiefsitzendes, anderes?

„Seit sie denken konnte, fühlte Ellen sich wie verfolgt von ihr und warum? Warum bekamen Mamas Augen immer diesen sonderbaren bösen Blick und ihre Stimme den zornigen, fast pfeifenden Ton, wenn Ellen nur zur Tür hereinkam? War sie allein mit der Mutter im Zimmer, so wehte es sie eisig an, als ob jeden Augenblick etwas Furchtbares geschehen könnte, und nachts träumte sie manchmal, daß die Mutter mit der großen Schere hinter ihr herlief und sie umbringen wollte. Sie hatte sich ja beinahe daran gewöhnt, wie an ein Gebrechen, mit dem man geboren wird und weiß, daß es auf Lebzeiten nicht wieder abzuschütteln ist. Aber woher die Kraft nehmen, es zu tragen?"

Es gibt sie also wirklich, nicht nur als Phantasie und Projektion dunkler Anteile des eigenen Innern: eine Mutter, die ihrer Tochter so viel zuleide tut und meint, es sei um der Erziehung willen. Was von ihrem eigenen Wesen mag es sein, das die Mutter da in der Tochter bekämpft?

In einem einzigartigen Dokument töchterlicher Identifizierung mit der Mutter, in dem Buch *„Amalie Dietrich – Ein Leben erzählt von Charitas Bischoff"* (zuerst erschienen 1914), tritt das in diesem Kapitel herausgehobene Grundmuster in einer Variante hervor, die es wert ist, ausführlicher betrachtet zu werden. Die Geschichte beginnt bei der Großmutter.

„Ist das eine Mutter!" sagten die Bewohner des kleinen sächsischen Ortes Siebenlehn kopfschüttelnd von Concordia Nellen. Denn sie räumte ihrer Jüngsten, der kleinen Amalie, sehr viel mehr Freiheiten ein, als es üblich war, zumal für das Kind eines Beutelmachers, das zu einer Hilfe im Geschäft heranwachsen und schließlich den Gesellen heiraten sollte. Concordia, Cordel genannt, setzte sich aber durch gegen das, was die Leute dachten, und auch gegen ihren eigenen Mann. Sie hatte das Zeug dazu: Als Köchin in einem Pfarrhaus hatte sie so viel gelernt, daß sie im Ruf einer Heilkundigen stand, die einen Bader und einen Apotheker zu ersetzen wußte (Wir befinden uns in den zwanziger Jahren des vorigen Jahrhunderts.) Sie ließ die Tochter früh teilnehmen an allem, was sie tat, also auch an ihren Sammelgängen in Wald und Feld, wie sie sich überhaupt so wenig wie möglich von ihr trennte.

Das kam daher, daß sie ihrer Tochter uneingeschränkt dankbar war für deren bloße Existenz, so daß sie keinerlei Bedingungen an ihre mütterliche Liebe stellte: So dankbar war sie, daß sie im vorgerückten Alter noch dieses kleine Mädchen geboren hatte, nach drei Söhnen, von denen der Älteste im Ausland verheiratet und die beiden andern früh gestorben waren.

Unter der zärtlichen, verwöhnenden Toleranz der Mutter entwickelte sich Amalie zu einem wissensdurstigen jungen Mädchen. Zum Befremden des Dorfes hatte sie eine ausgeprägte Leselust und einen ebenso ausgeprägten Widerwillen gegen die Interessen ihrer Altersgenossinnen. Stolz sagte die Mutter: „Wenn mein Malchen ein Junge wäre, da setzte ich's durch, daß sie auf den Schulmeister studierte, den Kopf dazu hat sie allemal!" Aber trotz glänzender Schulleistungen war daran für ein Dorfmädchen damals natürlich gar nicht zu denken. Das war die erste Kränkung, die Amalie erfuhr.

Als es von einem in der Nachbarschaft aufgetauchten Mann erfährt, der sich als „Naturforscher" bezeichnet, ist das allem Ungewöhnlichen zugetane Mädchen sofort fasziniert. Was die Dörfler abstößt, daß der Fremde nämlich „gar keinen richtigen Beruf" hat, sondern Pflanzen sammelt und sogar so verachtete Tiere wie Molche und Kröten präpariert und in Spiritus konserviert – gerade das reizt Amalie. In kurzer Zeit werden sie wirklich ein Paar; der Mann hatte sie zunächst als Schülerin und Gehilfin angenommen. Und dies ist es, was der künftige Ehemann – ein „Studierter" aus der angesehenen Botaniker-Familie der Dietrich – von seiner jungen Braut erwartete: Unbedingte, gänzliche Hingabe an seinen Beruf.

„Kein Wohlleben bei mir! Sie muß sich auf Entbehrungen einrichten. Auf Jahre hinaus ein Leben der Arbeit, der Armut und der Entbehrung."

Begeistert läßt sich Amalie darauf ein. Die warnenden Vorstellungen ihrer Mutter kann sie mit eben der Kraft, die sie deren warmherziger Anerkennung verdankt, jetzt hinter sich lassen.

Unter der unerbittlich strengen Anleitung des Mannes erwirbt sie sich im unmittelbaren Umgang mit Pflanzen und Tieren das Wissen, das er einem langdauernden Studium verdankte. Begabte und unermüdliche Schülerin des Mannes, fertigt sie Herbarien an, beschriftet sie mit lateinischen Namen nach Linnés System. In schweren Kiepen, mit wundgescheuertem Rücken, schleppt sie diese Sammlungen weit ins Land, zu Apotheken und Instituten, nachdem sie das Material dafür ebenfalls aus der Ferne herbeigeschleppt hatte.

In den Schränken des alten Forsthauses, in dem sie wohnten, stapelte sich nicht die Aussteuer, die Mutter Cordel ihrer Tochter stolz mitgegeben hatte. Die Wäschevorräte kamen in irgendwelchen Abstellplätzen unter, während jeglicher trockene, saubere Platz den ständig anwachsenden Sammlungen von Trockenpflanzen, Tierpräparaten, Steinen, Muscheln eingeräumt wurde.

Wieder unterstützt Mutter Cordel ohne weitere Dankbarkeitsforderungen die exzentrischen Bahnen der Tochter. Ihrem eigenen widerstrebenden Manne zum Trotz führte sie dem Paar den Haushalt, sorgte für deren leibliches Wohl – und für das zu erwartende Kind.

Amalie hatte ihren Mann durch ihre sprunghaft vorwärtsstürmenden Lernerfolge zur Anerkennung gezwungen. Die vereinte Tüchtigkeit von Amalie und ihrer Mutter wurde jedoch eingeholt von den eingefleischten Vorurteilen des Mannes. Er leugnete gewissermaßen, was er doch seit Jahren vor Augen hatte: daß eine Frau genauso naturwissenschaftlich „begabt", genauso ausdauernd im Ertragen von Strapazen sein konnte wie ein Mann – faktisch war Amalie ihrem Mann sogar überlegen an Körperkraft und Durchhaltevermögen. Dennoch wiederholte sich die Kränkung ihrer Schulzeit: Als Vorbild kam sie nicht in Frage. Wilhelm Dietrich erklärte:

„Unser künftiger Junge hat große Vorbilder! Ich selbst werde seine Erziehung und Ausbildung in die Hand nehmen. Linné, Humboldt und meine eigenen Verwandten werde ich ihm vorführen, denen muß er nacheifern. Ich will ihn früh mit auf weite Reisen nehmen, damit er abgehärtet wird, denn er muß einst weit hinaus in ferne, noch unerforschte Länder, er muß neue Arten finden, die den Namen Dietrich tragen. Und Gottlieb muß er heißen."

So klar zeichnet die Tochter im Rückblick den Erwartungshorizont, in den sie – wie eine unabsehbar große Reihe von Töchtern – hineingeboren worden war. Und sie erhielt den verpflichtenden Namen Charitas, nach der frommen Herrenhutischen Tante des Vaters. Später läßt die Tochter den Vater noch einmal Klage führen: „Es ist ein

Unglück, daß es kein Junge ist. Den würde ich doch früh in alles einführen, der wäre uns doch eine Freude."

Im genauen Gegensatz zu ihrer eigenen Mutter erfährt Charitas von Anfang an, daß sie keine Freude ist. Ihr Überleben verdankt sie wohl der Tatsache, daß Großmutter Cordel ihre ersten drei Lebensjahre genauso liebevoll begleitet, wie sie das bei ihrer Tochter getan hatte. Dann aber stirbt sie.

Von heut auf morgen ändert sich das Leben des Kindes. Immer längere Reisen zum Sammeln und zum Verkaufen halten die Eltern auf jeweils unbestimmte Zeit, wochenlang, monatelang fern. Während dieser Zeit muß sie zu fremden Leuten.

„Einige Tage nach diesem Gespräch packte meine Mutter meine Sachen in ein Bündel und verließ mit mir den Forsthof. Ich hatte ein billiges Wägelchen, aus Holz geschnitzt, was mir die Mutter einst beim Schachtelmann zum Jahrmarkt gekauft hatte, das zog ich an einem Bindfaden hinter mir her. Ich hatte ein dumpfes Angstgefühl, ach, ich hätte noch so viel fragen mögen, aber die Mutter wich meinen Fragen aus. Ganz besonders wollte ich wissen, wann die Eltern wieder kämen, aber eine bestimmte Antwort hätte auch nichts genützt, denn ich hatte noch keine Vorstellung von Zeitdauer. Ich sah, daß das Laub von den Bäumen fiel, und fragte: ‚Kommt bald der Winter? Kommt dann Weihnachten, und seid Ihr Weihnachten wieder hier?'

Die Mutter zuckte die Achseln, sah mich traurig an und sagte: ‚Ich weiß es nicht.'"

Bald ist es die Mutter allein, die für viele Monate unterwegs ist. Mit ihrem Hund zieht sie die schwerbeladenen Wagen durch die Länder. Man denke: Eine Frau allein, zu Fuß, von Sachsen bis nach Holland. Darf da die Tochter überhaupt an sich denken, wo es die Mutter so schwer hat?

Im Rückblick, vierzig Jahre nach dem Tod der Mutter, hat die Tochter mit geradezu überwältigender Einfühlung, mit Forscherfleiß und poetischer Intuition, all das festgehalten und sich ganz die Perspektive der Mutter zu eigen gemacht. Der Mutter blieb keine andere Wahl, und zugleich sah sie, tiefreligiös, in den Leiden des Kindes eine gute Schulung zur Selbstlosigkeit; darüber hinaus aber war das Sammeln und Forschen ihr Glück, ihr vordringliches großes Interesse, wie das bei ihrem Mann, wie das berufliche Interesse bei jedem Mann als selbstverständlich vorherrschend akzeptiert wurde und wird.

Die Tochter Charitas spricht ganz aus der Seele ihrer Mutter Amalie heraus, wenn sie sie diesen Brief schreiben läßt an den reichen Bruder im Ausland, der das Kind gern bei sich aufgenommen und verwöhnt hätte:

„Wie viele erhebende, großartige Eindrücke habe ich wieder auf dieser Reise aufgenommen! Beschreiben kann ich Dir das nicht alles. Wenn aber die wunderbar schöne Welt zu meinen Füßen liegt, dann mache ich mir Vorwürfe über all die kleinlichen Sorgen, die mir oft die Seele beunruhigen.

Elf Wochen war ich unterwegs. Wilhelm sprach sich anerkennend aus über alles, was ich gesammelt hatte.

Jetzt habe ich immer nur von mir erzählt, und doch schreibst Du ausdrücklich, daß Ihr recht viel von Charitas hören möchtet. Wie kann ich darüber schreiben; Du müßtest uns zusammen sehen. Wie schön ist grade dieser Sommer mit ihr, wo wir uns beide so frei bewegen können. Wenn Wilhelm hier ist, ist es für das Kind nicht leicht. Wilhelm beansprucht alle freie Zeit; sie muß tüchtig helfen. Wenn ich da bin, sorge ich dafür, daß sie wenigstens in der Dämmerung noch ein Stündchen auf die Straße kommt, um mit anderen Kindern zu spielen. Nach dem Abendbrot muß sie im Winter oft bis Mitternacht vorlesen, während wir unsere Papparbeiten machen. Wie könnte ich es aushalten ohne das Kind!

Du solltest die Freude und das Glück sehen, wenn ich von einer Reise zurückkomme. Ich habe mit dem Lehrer gesprochen, habe ihn gebeten, mir Charitas möglichst viel zu lassen, wenn ich grade zu Hause bin. Es wird mit der Schule nicht so genaugenommen. Nun wandern wir zusammen. Ich mache oft weite Touren, die manchmal mehrere Tage dauern; da macht sie alles mit mir durch. Sie bekommt dann, grade so wie ich, eine Botanisierkapsel umgehängt und schreitet leichtfüßig und überglücklich über Berg und Tal. Der Schuh drückt sie nirgends, denn sie geht barfuß. Der Tag wird uns nie lang; auf Schritt und Tritt unterrichte ich sie, sie muß beobachten, was sich unserm Auge bietet; ich leite sie zum Sammeln an; und über das Geschaute muß sie Rechenschaft ablegen; ich sage ihr Namen, Klasse und Ordnung. Das, was wir mit so unsäglicher Mühe erarbeitet haben, das soll sie doch einst übernehmen und weiterführen. Ach, hoffentlich wird es ihr einmal leichter werden als uns!

Da in unseren Räumen kein Plätzchen für Charitas übrig ist, wo sie spielen oder sich beschäftigen kann, so hat sie unaufhörlich gequält, ob sie nicht doch ein kleines Fleckchen ganz für sich haben dürfe. Ich sagte: ‚Gut, komm mal mit, und sieh dir selbst all unsere Stuben und Kammern an, ob du auch nur ein einziges Eckchen findest, das nicht mit Sammlungen allerart, mit Pflanzenpressen, verschiedenen Papiervorräten, Schmelztiegeln und allerlei Kisten und Kasten angefüllt wäre.‘ Wir gingen von einem Raum in den andern, und sie mußte seufzend zugeben, daß ich recht hatte.

‚Aber‘, meinte sie nachdenklich, ‚sollte nicht in der Holzkammer Platz zu schaffen sein?‘

‚In der Holzkammer! Kind, was für ein Einfall! Da kannst

du doch nicht sein? Das kleine, blinde Fenster hoch unterm Dach und die braungelben Lehmwände gefallen dir doch nicht?' Sie war aber ganz begeistert von dem Plan und zog mich mit in die Holzkammer."

In diesem fiktiven Brief sind die Motive so ineinander verschlungen, wie sie das wohl auch in der Realität gewesen sein mögen. Einerseits kann sich das Kind wichtig fühlen, es wird gebraucht bis zur Überforderung, darf Mutters Schülerin sein und ihr Trost. Andererseits ist im buchstäblichen Sinne kein Raum da für die Tochter, nicht im Leben der Frau und nicht im Haus. Meistens kann sich die töchterliche Liebe nur im Dulden äußern, aber dazwischen geschieht etwas höchst Bemerkenswertes: Das Mädchen schafft sich ihr „Zimmer für sich allein", wie eingeschränkt und unbequem es auch sein mag, denn sie hat ganz für sich allein entdeckt: „Wenn ich schreibe, weine ich nicht so viel."

So entsteht hier, von der Mutter ganz unbemerkt, die Fluchtburg eigener Phantasietätigkeit, die Keimzelle ihrer schriftstellerischen Begabung.

Charitas war der Mutter zugleich unentbehrlich und lästig; Amalie wandte sich ihr liebevoll zu und wandte sich nachdrücklich ab von ihr. Das trat besonders kraß zutage, als Amalie Dietrich ihr Lebenswerk krönte. Im Jahre 1863 ging sie für zehn Jahre nach Australien – und zwar allein, um für das Hamburger Handelshaus Godeffroy zu forschen, zu sammeln und den Grundstock für das spätere Naturkundliche Museum zu legen. Was sich Wilhelm Dietrich, der sich längst von seiner Familie getrennt und allen eigenen Forscherplänen resigniert entsagt hatte, für seinen Sohn erträumt hatte, das setzte seine Frau in die Wirklichkeit um: Sie ging in ferne, noch unerforschte Länder, sie fand neue Arten, die den Namen Dietrich trugen.

Und die Tochter? Sie war vierzehn Jahre alt und erfuhr

wie immer als letzte und in allerletzter Minute, was die Mutter für sich und sie beschlossen hatte. Ihren dringendsten Wunsch, die Mutter zu begleiten, wies diese entschieden zurück, und als das Mädchen sich leidenschaftlich dem Trennungsschmerz überließ, mußte sie hören: „Du bist kleinlich und feige."

Denn was für Amalie eine auszeichnende Herausforderung war, diese Forschungsmission, das ermöglichte ihr zugleich die Erfüllung ihres sehnlichsten mütterlichen Wunsches: Durch ihren Verdienst konnte sie der Tochter eine solide Schulbildung verschaffen.

Hier tritt nun ein anderes Grundmuster so mancher Mutter-Tochter-Beziehung zutage, das eng verknüpft ist mit dem der Identifizierung: die Vorstellung vom „Besten" für die Tochter. Auch Amalie Dietrich wollte ganz aufrichtig das Beste – und das war für sie, die Autodidaktin, eine „richtige" Ausbildung. Das Programm, unter dem dieses Leitmotiv allgemein steht, lautet: Du sollst es einmal leichter haben, als ich es hatte. Eine Schulausbildung – das war in der zweiten Hälfte des vorigen Jahrhunderts eine vorgreifende Lebensplanung für ein Mädchen, das nicht „von Stande" war. Aber über dieser progressiven Zielvorstellung vergaß Amalie nur eines: daß die von ihr damals erlittenen Kränkungen nicht die der Tochter waren und daß der ihr überreich zuteil gewordene Rückhalt an mütterlicher Fürsorge ihrem Kind ganz und gar fehlte. Daher sah das Beste, wie es der Tochter vorschwebte, anders aus: Zusammensein mit der Mutter und die ihre Bilderwelt anreichernden Unterweisungen ihres Pastors in Biblischen Geschichten (wobei ihr das Schicksal Josephs, des ausgesetzten Verlassenen, besonders am Herzen lag) und im Kirchengesang.

Um künftiger Ziele willen, die Ziele der Mutter waren, sollte die Tochter ihre gegenwärtigen Bedürfnisse immer aufs neue hinunterschlucken, klaglos. So erzwang sie im

Namen des „Besten" von der Tochter vollkommene Unterordnung: Sie wollte Vorbild für sie sein, als wäre sie ein Mann – und die Tochter sollte es so gut haben, als sei sie ein Sohn. Sie hatte in sich alles unterdrückt, was als „weiblich" galt – denn Weibliches hatte sie, wie Emma Bovary, letzten Endes nur als Inbegriff von Ohnmacht und Abhängigkeit erlebt.

Diese Pionierin der Naturforschung, ihrer Zeit so weit voraus, mit wahrhaft furchtlosem Herzen Grenzen überschreitend, die ihrem Geschlecht zu ihrer Zeit von der Natur selbst gesetzt schienen – sie nahm die Wünsche nach Selbstbestimmung sowie die Gefühle der Tochter nicht ernst, ja, sie nahm sie wohl gar nicht recht zur Kenntnis: die Tochter – das war sie selbst. Wie weit die Verkennung des töchterlichen Ich durch diese auf ihrem Bereich doch so hellsichtige Frau ging, zeigt die Szene der Heimkehr, als die jetzt 24jährige Tochter nach zehnjähriger Trennung die Mutter, jetzt 52jährig, im Hamburger Hafen vom Segler „Susanne Godeffroy" abholt.

„Da saß am andern Ende der kleinen Kajüte eine alte Frau mit gekrümmtem Rücken. Ihr pergamentartiges, verwittertes Gesicht war von tausend Falten und Fältchen durchfurcht und wurde von dünnen, weißen Scheiteln umrahmt. Ein dürftiges Röckchen und eine dunkle Kattunjacke umschlossen die alternde Gestalt. An den Füßen trug sie alte, graue Segeltuchschuhe, die vielfach Löcher zeigten. Zögernd mit klopfendem Herzen blieb Charitas stehen und erfaßte mit einem schnellen Blick die fremdartige Erscheinung. Sah die, nach der sie sich zehn lange Jahre in Sehnsucht verzehrt hatte, sah die so aus? –! War das die Mutter? ‚Eine Heldin' hatten Doktors und Godeffroys sie genannt. Konnte so eine Heldin aussehen? Amalie sah das Zögern, sie hatte sich erhoben und stützte sich mit der einen Hand schwer auf den Tisch, während sie mit der andern das weinende Gesicht bedeckte, dann sagte sie langsam mit fremder, tiefer Stimme: ‚Cha-ri-tas? Bist – denn du – Charitas? So still und so fremd? – Ich hatte dich anders in der Erinnerung! Wie stürmisch und liebevoll sprangst du mir sonst entgegen. Wie leidenschaftlich drücktest und küßtest du mich! Was warst du doch für ein liebes, zärtliches Kind!' – ‚Mutter!' sagte Charitas und nahm die Weinende zaghaft in die Arme. Jede forschte ängstlich in den Zügen der andern. Zwei Fremde standen einander gegenüber."

Wohlgemerkt: Hier fällt kein Wort der Anklage, keine Schuldzuweisung. Die Mutter wird in ihrem So-Sein von der Tochter verstanden, und auch über deren Realitätsverkennung schüttelt nicht die Tochter den Kopf, sondern die Leserin und der Leser.

Die Mutter hatte wahrhaftig gemeint, die erwachsene Tochter habe die liebevolle Ungeduld des Kindes konserviert, wie in Spiritus eingelegt. Und dabei hatte sie doch der Tochter immer wieder streng geschrieben, sie solle nicht „in ihren Gefühlen herumwühlen", und: „Komme mir nicht mit Heimweh und ähnlichen Gefühlen! Du hast eine schöne Aufgabe!" Sie hatte sich allen Ernstes vorgestellt, nun, nachdem sie alle ihre Pläne verwirklicht und der Tochter die Lehrerinnen-Ausbildung finanziert hatte, würde diese den Rest ihres Lebens in einem gemeinsamen Zimmerchen („Wir sind ja bedürfnislos und wollen nur zusammen arbeiten!") mit der Mutter deren australischen Sammelschätzen widmen.

Aber die Tochter hatte inzwischen gewählt, was ihr als „das Beste" erschienen war: die auf eine seßhafte Geborgenheit als Ehefrau und Mutter hinauslaufende Verlobung mit einem Pastor. Gewiß auch zur Wiedergutmachung der herben mütterlichen Enttäuschung hat sie sich in ihren Aufzeichnungen so vollständig mit dieser identifiziert.

In ihrem zweiten Buch – *„Bilder aus meinem Leben"* – erzählt sie die Geschichte ihrer Kindheit und Jugend aus ihrer eigenen Perspektive, und da überwiegen nun solche Szenen und Bilder:

Ihre erste Erinnerung schlägt den Grundakkord ihrer Erfahrungen an. Sie wird weggeschickt von der Beerdigung der Großmutter, von der Mutter „sehr unsanft am Arm" gefaßt und ins Nebenzimmer geschoben. „Ich setzte mich weinend auf ein Holzschemelchen, eine große Bangigkeit und Furcht kam über mich." Niemand erklärt ihr die befremdliche Situation, die so einschneidende Konsequenzen für ihr weiteres Leben hat.

Ihr eigenes Wesen und Verhalten beschreibt sie als komplementär zu dem ausgreifend willensstarken ihrer Mutter. Aber die gleiche sachliche Genauigkeit, die die Eltern beim Wahrnehmen der Naturwelt schulen und bewähren, läßt sie bei der Selbstbeobachtung sprechen. Ihre „Natur" erscheint in den Reaktionen auf das ihr immer wieder abverlangte Abschiednehmen, auf die Einsamkeit eines Kindes von Eltern, die durchaus „fremd" in ihrer Umgebung waren. Nüchtern beschreibt sie ihre Abschieds-, Sehnsuchts- und Trennungsschmerzen, ihre Innenwelt, auf die sie sich von klein auf verwiesen sieht. Lebhaft und phantasievoll, mitteilungsbedürftig war sie – geduldig und „vernünftig", das heißt: angepaßt an diesen Botaniker-Haushalt ohne Kinderzimmer, mußte sie werden. Auch die Mutter leidet beim Abschied; und desto mehr fühlt sich das Kind zum Zusammennehmen verpflichtet, aber gelegentlich bricht sich ihr Temperament doch Bahn, wie hier, als die Mutter wieder von Abschied zu ihr spricht:

„‚Täschen, hör' mal zu, wir reisen wieder weit fort, und du mußt wieder zu fremden Leuten.'

Sie hatte das leise, fast zaghaft gesagt, und sie war wohl

ganz vorbereitet, als sie nun sah, wie ich mich einem heftigen Schmerz überließ.

‚Ich will aber nicht wieder zu Götzes,' rief ich erregt, ‚und du hast mir doch ganz gewiß versprochen, du würdest mich nicht wieder dahin bringen!'

‚Das halt ich auch,' sagte die Mutter gedrückt, ‚dahin bringe ich dich nicht wieder.'

‚Wohin soll ich denn?' fragte ich weinend.

‚Du kommst zu Madame Hänel am Markt. Die kennst du ja ganz gut.'

‚Ach,' sagte ich, ‚gut?'

‚Na, du gehst doch oft zu ihr.'

‚Ja, aber – kennen tu' ich sie doch nicht recht. Ich würde mich doch nicht getrauen, ihr alles zu erzählen.'

Erneuter Schmerzensausbruch.

‚Mutter, ich bin dann wieder so allein, ich kann mit gar niemand sprechen.'

Die Mutter sah mich bekümmert an und sagte: ‚O doch, du kannst sprechen. Immer wenn du allein bist, kannst du dir vorstellen, daß ich bei dir bin, und siehst du, in Gedanken bin ich auch immer bei dir. Erzähl' mir nur immer alles, mein Herz hört es. Kannst du dir das nicht denken?'

Ich schüttelte traurig den Kopf.

Die Mutter überlegte, dann sagte sie: ‚Du bist doch mit Joseph aufs Feld zu den Brüdern gegangen, du hast mit ihm gesprochen, nicht wahr? Der war doch auch nicht mit seinem Körper bei dir. Glaub' mir doch', ich bin doch viel mehr bei dir als Joseph! Siehst du das ein?'

Ich nickte langsam.

‚Der Lehrer und auch ich haben dir doch vom lieben Gott erzählt, und du weißt doch, daß du jederzeit auch mit ihm sprechen kannst, daß sein Auge dich immer sieht, und daß sein Ohr dich immer hört! Das weißt du doch. – Nun, siehst du, was du nun erzählen willst, das erzähle nur ruhig, der liebe Gott und ich sehen und hören alles, was du tust und sagst.'

‚Darf ich es Euch denn laut erzählen?'

‚Wenn du allein bist, darfst du's uns laut erzählen.'"

„Uns" – das sind Gott und die Mutter. In dem Kapitel „Die Macht und die Herrlichkeit" werden wir noch genauere Kunde von der Stärke und dem Ausmaß mütterlichen Einflusses erhalten.

Die Bilder aus dem Leben der Charitas Bischoff zeigen anschaulich, daß das entscheidende Lernen ganz früh stattgefunden hatte. Zu Hause hatte sie gelernt, was von ihr erwartet wurde: nach außen stillzuhalten, nicht zu stören. So hatte sie ihre Spielräume in der Phantasie eingerichtet. Das „Beste" – die von der Mutter ihr zugedachten Ausbildungsgänge – kam zu spät. In nichts hatte es die Tochter „leichter" gehabt, wie es doch die Mutter ersehnt hatte. Sie hatte es nur anders schwer gehabt, und sie hat ein Ziel erreicht, das die Mutter nie für sie angestrebt hatte. „Sei doch stark und tapfer! Wenn du deinen Regungen immer nachgibst, wird gar nichts aus dir! ... Das nenn' ich Liebe, wenn du mit dir kämpfst, um mir die Ruhe zu geben", hatte Amalie Dietrich immer wieder gefordert. Und nun erwies sich, daß die Stärke der Tochter hier lag: das wahrzunehmen und in Worte zu fassen, was die Mutter ihr zu unterdrücken geraten hatte. Gerade ihre zärtliche, differenzierte Sensibilität war es, die sie instand setzte, dieses einfühlende Portrait ihrer Mutter zu zeichnen, in dem die beiden einander so unähnlichen Frauen auf geheimnisvoll symbolische Weise vereint erscheinen.

Die unsichtbare Gegenwart

Virginia Woolf ist eine der schreibenden Frauen aus der Zeit des Übergangs: vom vorigen Jahrhundert in dieses, von der Frau im Hause zur berufstätigen Frau – worin Lou Andreas-Salomé, von der wir noch hören werden, in Deutschland ihr Thema fand. Virginia Woolf wuchs im viktorianischen London auf. Sie erlebte, ebenso wie ihre Schwester und die Töchter ihrer Umgebung, daß ihren Brüdern andere Wege offenstanden als ihnen. Der gelehrte Vater öffnete ihnen zwar großzügig seine Bibliothek, und sie erhielten zu Hause eine interessante Ausbildung, aber weder an eine öffentliche Schule noch an eine Universität war für diese hochbegabten Mädchen zu denken. Das heißt: Virginia Woolf dachte lebhaft daran, und in ihrem noch heute lesenswerten, berühmten Essay *„Ein Zimmer für sich allein"* legt sie diese Gedanken, die aus ihren eigenen Erfahrungen erwuchsen, in einprägsamen Bildern und Appellen dar. In ihren Essays, Romanen und Aufsätzen trägt sie unter anderem auch bei zur Aufhellung weiblicher Lebenszusammenhänge und regt eine Geschichtsschreibung an, die den „obskuren" Lebensläufen von Frauen nachginge. Bei all ihren programmatischen Äußerungen wie bei ihren gedichteten Frauengestalten hat sie immer auch das Leben ihrer Mutter vor Augen. In dem genannten Essay formuliert sie im Hinblick auf Schriftstellerinnen:

„Aber welche Wirkung auch immer Entmutigung und Kritik auf ihr Schreiben gehabt haben mag – und ich glaube, daß sie eine sehr große Wirkung hatten –, das war unwichtig im Vergleich zu der anderen Schwierigkeit, vor der sie standen (ich dachte noch immer an die Autorinnen des frühen 19. Jahrhunderts), als sie sich daran machten, ihre Gedanken zu Papier zu bringen – das heißt, sie hatten keine Tradition hinter sich, oder eine so kurze und partielle, daß sie nur von geringer Hilfe war. Denn wir denken durch unsere Mütter zurück, wenn wir Frauen sind."

Die Mutter als Modell, unverlierbar eingeprägt, aber nicht mehr als Vorbild für die eigene Lebensführung – das hat Virginia Woolf plötzlich entdeckt, als sie begann, sich unbekanntes Terrain zu erobern, indem sie zunächst einmal Kritiken für Zeitschriften verfaßte. Ihre Mutter war da schon neun Jahre tot. Sie faßt den in ihrem Kopf, in ihrer Brust nachwirkenden mütterlichen Einfluß im Bild eines Phantoms, das ihr beim Schreiben über die Schulter sah:

„Und das Phantom war eine Frau, und als ich sie besser kennenlernte, nannte ich sie nach der Heldin des berühmten Gedichts ‚Den Engel im Haus'. Sie war es, die zwischen mich und mein Schreibpapier kam, wenn ich Kritiken schrieb." Für spätere Generationen, die sich darunter vielleicht gar nichts mehr vorstellen konnten, beschrieb sie den „Engel im Haus":

„Sie war zutiefst verständnisvoll. Sie war ungeheuer charmant. Sie war vollkommen selbstlos. Sie übertraf sich in den schwierigen Künsten des Familienlebens. Sie opferte sich täglich ... Mit einem Wort, sie war so angelegt, daß sie nie einen eigenen Willen oder Wunsch hatte, sondern es vorzog, immer mit dem Willen und den Wünschen anderer im Einverständnis zu sein."

Beim Formulieren kritischer Gedanken meinte Virginia Woolf plötzlich, die langen Röcke hinter sich rauschen zu hören, den Schatten von Engelsflügeln auf ihrem Papier zu sehen und eine tief vertraute, ja, eine geliebte Stimme in ihr

Ohr flüstern zu hören. Die Stimme riet ihr, doch so „unweibliche" Regungen wie Aggressionen oder auch nur Ablehnungen zu unterdrücken, sie riet zu Versöhnlichkeit und Verbindlichkeit, zu charmanter Hilflosigkeit. Sie riet, mit einem Wort, zum Konformismus, und sie riet ab von einer eigenständigen kritischen Position.

Daß die Mutter sich Offenheit und Eindeutigkeit versagte, daß sie sich immer, immer unterordnete – das hat nicht nur Virginia Woolf zunächst einmal tief als prägenden Einfluß in sich aufgenommen. Auch die Töchter der nächsten, übernächsten und überübernächsten Generation haben das noch modellhaft erfahren von ihren Müttern. Eine Tochter unserer Zeit spricht nicht mehr vom „Engel im Haus", sondern vom Erbe der Kapitulation:

„Untergeordnet bis zur Selbstaufgabe hast du dich, du hast deinen Willen aufgegeben ..., das ist es, was ich dir am meisten übelnehme. Immer hast du meinem Vater nachgegeben." Den Feminismus, den diese Autorin – es ist die holländische Schriftstellerin Anja Meulenbelt – vertritt, nennt sie „eine Revolte der Töchter".

Bei Virginia Woolf heißt es:

„Ich wendete mich gegen sie und packte sie an der Gurgel. Hätte ich sie nicht ermordet, sie hätte mich getötet ... Denn, wie ich erfuhr, sobald ich die Feder zu Papier brachte: Man kann nicht einmal einen Roman rezensieren, ohne einen eigenen Willen zu haben, ohne auszudrücken, was man als Wahrheit über menschliche Beziehungen, Moral und Sexualität erkennt. Und alle diese Fragen können dem Engel des Hauses gemäß von Frauen nicht frei und offen behandelt werden; sie müssen bezaubern, sie müssen – um deutlich zu sein – lügen, wenn sie erfolgreich sein wollen. Immer wenn ich deshalb den Schatten ihres Flügels oder ihren Heiligenschein auf meinem Blatt spürte, nahm ich mein Tintenfaß und schleuderte es nach ihr. Sie hatte ein zähes Leben ... Es ist viel schwerer, ein Phantom zu töten als die Wirklichkeit."

Virginia Woolf hat es an zahlreichen Stellen ihres Werkes deutlich gemacht, wie gewaltig die Prägekraft des Bildes der verehrten und geliebten Mutter in ihr war. In ihren autobiographischen Aufzeichnungen *„Augenblicke"* heißt es:

„Bis in meine vierziger Jahre ... hat mich die Gegenwart meiner Mutter verfolgt (im engl. Original heißt es: „obsessed", wörtlich: besessen, besetzt). Ich hörte ihre Stimme, sah sie vor mir, stellte mir vor, was sie tun oder sagen würde, während ich meinen täglichen Obliegenheiten nachging. Sie war eine der unsichtbaren Gegenwarten, die letzten Endes in jedermanns Leben eine wichtige Rolle spielen".

Sie begreift die Mutter – und hier ist gar nicht von bewußten Erinnerungen die Rede – als immer mitgegenwärtig, als unsichtbare Anwesenheit, deren Kommentare sie hört, die sie auf einigen Bereichen hemmt und ihr in den Arm fällt, sie in anderen anstachelt und fördert, die sie also zu Übereinstimmung oder Opposition veranlaßt, ohne daß ihr das alles im mindesten bewußt sein müßte. Virginia Woolf hält diese mütterliche Mitgegenwart für das Kind des gleichen Geschlechts für genauso einflußreich wie die öffentliche Meinung und andere gesellschaftliche Kräfte.

Über ihren Roman *„Die Fahrt zum Leuchtturm"*, in dessen Mittelpunkt eine Mutter von sieben Kindern steht, schreibt die Autorin:

„Es ist absolut wahr, daß meine Mutter mich, trotz der Tatsache, daß sie starb, als ich dreizehn war, bis zu meinem vierundzwanzigsten Lebensjahr verfolgt hat („obsessed"). Dann, eines Tages, als ich um den Tavistock Square herumspazierte, konzipierte ich – wie ich meine Bücher manchmal konzipiere – ‚Die Fahrt zum Leuchtturm' in großer, scheinbar unfreiwilliger Hast. Eine Idee griff in die andere über. Das Pusten von Seifenblasen aus einem Rohr gibt ungefähr den Eindruck der rasch aufeinanderfolgenden Fülle von Ideen und Szenen wieder, die sich in meinem Kopf bildeten, so daß meine Lippen aus eigenem Antrieb Silben zu formen schienen, während ich ging. Was verursachte die Seifenblasen? Was wohl? Ich habe keine Ahnung. Aber ich schrieb das Buch sehr schnell, und als es geschrieben war, wurde ich nicht mehr von meiner Mutter verfolgt. Ich höre ihre Stimme nicht mehr, und ich sehe sie auch nicht mehr vor mir."

Womit nicht im mindesten in Widerspruch steht, daß die Autorin ihrer Mutter zeit ihres Lebens ein überaus inniges Andenken bewahrte, von dem wir noch ein Zeugnis kennenlernen werden. Aber das ist etwas anderes als jenes phantomartige, unheimliche Hineinsprechen in die Gegenwart der Tochter.

Mrs. Ramsay im Roman „Die Fahrt zum Leuchtturm" erscheint also als dichterische Verkörperung der Gefühle und Vorstellungen, die die Tochter mit der Mutter verbindet. Beim Lesen des bedeutenden Romans unter diesem Gesichtspunkt überrascht die Vielfalt der Züge dieser Muttergestalt. Es sind einander widersprechende, schwer zu fassende Züge. Das wird im Roman noch zusätzlich dadurch ins Bild gesetzt, daß eine Malerin vergeblich versucht, ein realitätsgetreues Portrait von Mrs. Ramsay zu malen. Sie entzieht sich der genauen Wahrnehmung, diese Frau – gerade weil oder obwohl sie ständig für alle da ist. Sie ist in der Tat der lebendige Mittelpunkt des ganzen Hauses, voller Mitgefühl und Organisationstalent und von allen bewundert wegen ihrer Schönheit. Von ihr selbst erfahren wir Gedanken, die sie nie geäußert hätte – und hier liegt einer der Gründe, weshalb mir die gedichtete Mutter dieses und der anderen Bücher und auch die gedichteten Töchter vertrauter zu sein scheinen als so manche Mutter und Tochter meiner Umgebung, in deren verschwiegene Gedanken und Empfindungen ich keinen Einblick erhalte ... Aber was diese Mutter denkt, das erfahren wir:

„Doch was habe ich aus meinem Leben gemacht, dachte Mrs. Ramsay, während sie ihren Platz am oberen Ende des Tisches einnahm und auf alle die weißen Kreise der Teller blickte. (...) Während sie Suppe auszuteilen begann, hatte sie die Empfindung, über alles hinaus, mit allem fertig, aus allem heraus zu sein, als wäre da ein Stromwirbel und man könnte darin sein oder außerhalb, und sie wäre außerhalb. Es ist alles zu Ende, dachte sie, während sie einer nach dem andern eintraten. (...) Und unterdessen wartete sie teilnahmslos, daß jemand ihr darauf antworte; daß etwas geschehe. Aber das ist nicht etwas, dachte sie, den Suppenschöpfer handhabend, das man ausspricht. Die Augenbrauen hochziehend über dieses Auseinanderklaffen – dessen, was sie dachte, dessen, was sie tat, – und die Suppe in Teller schöpfend, hatte sie immer mehr ein Gefühl, als wäre sie außerhalb des kleinen Wirbels."

Immer wieder spürt die schreibende Tochter solchen beunruhigenden Empfindungen der Mutter nach. Gerade weil sie nie ausgesprochen wurden, gerade weil es Einbrüche im Selbstverständnis der immer gebenden, spendenden Mutter sind, müssen sie so beunruhigend gewirkt haben.

„Alle kamen sie natürlich zu ihr – denn sie war eine Frau – mit diesem und jenem, den ganzen Tag lang; eins wollte dies, das andre das; die Kinder wuchsen heran; oft hatte sie das Gefühl, sie sei nichts als ein mit menschlichen Gemütsbewegungen vollgesogener Schwamm."

Das kann die Tochter damals, als Kind, nur geahnt haben, sie kann es allenfalls im Rückblick hinter der Trauer im Gesicht der schönen, der bezaubernden Mutter vermutet haben. Es läßt sich leicht denken, wie gerade ein solcher lautloser innerer Widerstand den forschenden Geist der

Tochter über die Jahre hin beschäftigt haben muß: der Widerstreit zwischen vollkommener Erfüllung weiblicher Pflichten gemäß dem Gebot steten Da-Seins für andere – und einem Sich Entziehen in aufrührerischen Gedanken, unter den vieldeutigen Zügen von Trauer und Erschöpfungszuständen verborgen.

Aus Anlaß der Wohltätigkeit beispielsweise, um deretwillen einzig der „Engel im Haus" das Haus verläßt, bewegt die Mutter solche niemandem je anvertraute Gedanken in ihrem Herzen, von denen die schreibende Tochter durch Einfühlung mehr ahnt als weiß:

„Tiefer aber grübelte sie über jenem anderen Problem, dem von reich und arm und den Dingen, die sie mit eigenen Augen erblickte, jede Woche, jeden Tag, hier oder in London, wenn sie eine Witwe oder eine sich abrackernde Frau persönlich aufsuchte, einen Beutel am Arm und mit Bleistift und Notizbuch, in das sie, in zu diesem Zweck sorgfältig gezogene Kolonnen, Löhne und Ausgaben, Beschäftigung und Arbeitslosigkeit eintrug, weil sie hoffte, daß sie so aufhören würde, eine Privatperson zu sein, deren Wohltätigkeit halb zur Beschwichtigung ihrer Entrüstung, halb zur Befriedigung ihrer Neugier diente, und das werden würde, was sie, mit ihrem ungeschulten Geist, sosehr bewunderte: eine die soziale Frage aufhellende Forscherin."

Das Buch „Die Fahrt zum Leuchtturm" besteht aus drei Kapiteln, und das erste, längste, reicht vom Morgen bis in die Nacht hinein, zeitlicher Rahmen für alles das, was das Tagewerk einer Frau ausmacht. Wie sehr sie im wahrsten Sinn des Wortes „Engel im Haus" war, wird eigentlich erst offenbar in den beiden kürzeren Kapiteln, die mehr als zehn Jahre nach ihrem Tod umfassen (Tod aus Erschöpfung, wird kurz angemerkt). In der mit Händen zu greifenden Öde und Leere des Hauses, das sie mit ihrer Anwesenheit zu einem bewohnbaren Ort, zur Heimat für alle gemacht hatte, drückt die Tochter als Autorin noch einmal, verstärkt, all ihre Gefühle und Vorstellungen aus: Trauer und Zorn über den Tod, den sie beklagt und für den sie alle die Nutznießer der unerschöpflich scheinenden Gaben anklagt – zu oberst den Mann, den Vater der Tochter. Sie drückt Identifizierung mit der Mutter aus, Dankbarkeit und Schmerz, immer wieder Schmerz.

Ich kenne wenig Bücher, in denen eine Tochter so um die Mutter trauert wie dieses, in dem das langsam verfallende Haus ohne Mutter geschildert wird. Die abwesende Frau, deren grüner Schal noch da hängt, wohin sie ihn zur Bannung nächtlicher Ängste ihrer Kinder vor Jahren gehängt hatte – wie mächtig ist ihre Ausstrahlung noch immer!

Aber Mrs. Ramsay konnte trotz ihrer Unentbehrlichkeit für ihre Töchter kein Vorbild mehr sein, heißt es im Roman. Schon allein wegen ihrer Stellung zu ihrem Mann, dem eigenen und allen anderen. Sie bewunderte Männer wegen deren umfassender Kenntnisse von Wissenschaft und Welt – und sie bemitleidete sie alle wegen ihrer Unfähigkeit, mit sich und ihren Gefühlen fertigzuwerden. Das wollten die Töchter einmal ganz anders halten. Andererseits verehrte gerade die jüngere Tochter die Mutter hingebungsvoll. Auch darüber macht sich Mrs. Ramsay im stillen ihre Gedanken:

„(...) und sie erriet aus ihrer eigenen Vergangenheit ein tiefes, verschüttetes, ganz unaussprechliches Gefühl, das man in Roses Alter für seine Mutter hegte. Wie alle Gefühle, die einem selbst gelten, dachte Mrs. Ramsay, machte es einen traurig. Was man als Gegengabe geben konnte, war so unzulänglich; und was Rose für sie fühlte, stand so ganz außer Verhältnis zu allem, was sie tatsächlich war."

Weil Virginia Woolf eine der großen Dichterinnen unseres Jahrhunderts ist, deren dem Bewußtseinsstrom folgende Darstellungsweise in ihrer unvermeidlichen Widerspenstigkeit niemanden vom Eindringen in ihre Erfahrungswelt abhalten sollte, wollen wir mit ihr das Erinnerungsbild ihrer Mutter aus ihren Lebenserinnerungen, „Augenblicke", anschauen, verfaßt vor dem Roman.

„Gewiß ist, daß sie genau im Mittelpunkt dieser großen Kathedrale stand, die sich Kindheit nennt, und dort stand sie von Anfang an. Meine erste Erinnerung an sie ist ihr Schoß, und dabei fällt mir das Kratzen der Glasperlen an ihrem Kleid wieder ein, wenn ich meine Wange dagegenpreßte. Dann sehe ich sie in ihrem weißen Morgenrock auf dem Balkon, und die Passionsblume mit dem violetten Stern auf ihren Blütenblättern. Ihre Stimme ist mir noch ganz entfernt im Ohr – entschieden und lebhaft, und besonders die drei kurzen ‚ha-ha-ha ...', mit denen ihr Lachen endete. Auch ich ende zuweilen ein Lachen in der gleichen Weise. Und ich sehe ihre Hände vor mir, wie Adrians; mit den ganz charakteristischen breiten Fingerspitzen – jeder Finger hatte eine schmale Stelle in der Mitte –, deren Nägel nach oben breiter wurden. (Meine Finger haben alle die gleiche Stärke, so daß ich auch einen Ring an meinen Daumen stecken kann.) Sie hatte drei Ringe: einen Brillantring, einen Smaragdring und einen Opalring. Meine Augen starrten gewöhnlich fasziniert auf die irisierenden Reflexe in dem Opal, während er über die Seite des Lehrbuchs glitt, wenn sie uns unterrichtete, und ich war glücklich, daß sie ihn mir vererbt hatte (ich habe ihn dann Leonard geschenkt). Auch höre ich noch immer das Klirren ihrer geflochtenen silbernen Armreifen, wenn sie im Hause umherging, die Mr. Lowell ihr geschenkt hatte; ganz besonders, wenn sie abends mit einer Kerze, die sie mit der Hand abschirmte, heraufkam, um zu sehen, ob wir schliefen. Das ist eine besonders lebhafte Erinnerung, weil ich manchmal wach blieb und sie herbeisehnte. Dann riet sie mir, an alle schönen Dinge zu denken, die mir in den Sinn kämen – Regenbogen, Glockengeläute ... Aber wie kam mir, neben diesen kleinen Einzelheiten, zum ersten Mal das zum Bewußtsein, was schon immer dagewesen war – ihre Schönheit? Vielleicht ist sie mir auch niemals bewußt geworden – ich glaube fast, ich habe ihre Schönheit als das natürliche Attribut hingenommen, das einer Mutter gebührte – die als solche zwar typisch und universal, aber hier in erster Linie doch unsere eigene war –, weil sie den Vorzug hatte, unsere Mutter zu sein. Es gehörte einfach zu ihr. Ich glaube auch nicht, daß ich ihr Gesicht je von dieser Gestalt und ihrem ganzen Wesen getrennt habe. Dabei drängt sich mir gerade jetzt ein Bild von ihr auf, wie sie den Weg neben dem Rasen in St. Ives entlangkam, schlank und ebenmäßig. Sie hielt sich sehr gerade. Ich spielte, und ich hörte auf, um mit ihr zu sprechen. Doch sie wendete sich halb von uns ab und senkte den Blick. Dieser unbeschreiblich traurigen Bewegung entnahm ich, daß Philips, der Mann, der überfahren worden war und den sie besucht hatte, gestorben war. Es ist vorbei, schien sie zu sagen. Ich verstand, und der Gedanke an den Tod bedrückte mich. Gleichzeitig aber empfand ich, daß ihre Bewegung als Ganzes wunderschön war (...)

Aber kann ich ihr denn auf andere Weise näherkommen, als die Schilderungen und Anekdoten zu benutzen, die sich meinem Bild von ihr nach ihrem Tode aufdrängten? Sehr flink, sehr entschieden und sehr aufrichtig, und hinter der Aktivität die Trauer und das Schweigen. Und sie war natürlich Mittelpunkt. Ich schätze, das Wort ‚Mittelpunkt' kommt dem Gefühl am nächsten, das ich gewöhnlich hatte, so absolut in ihrer Atmosphäre zu leben, daß man sich nie weit genug von ihr entfernen konnte, um sie als Person zu sehen (...) Sie war alles: Talland House war voll von ihr, die Hyde Park Gate war voll von ihr. Jetzt sehe ich auch, wenngleich diese Feststellung übereilt, vage und nicht sehr verständlich ist, weshalb sie bei einem Kinde keinen sehr persönlichen und besonderen Eindruck hinterlassen konnte. Ich möchte fast sagen, sie hielt ihren lebendigen Schutz wie einen Baldachin ständig über uns gebreitet, unter dem wir alle zusammen lebten. Ich sehe jetzt, daß sie einen so ausgedehnten Wirkungskreis und deshalb weder die Zeit noch die Kraft hatte – außer für einen Augenblick, wenn man krank oder sonst in einer kindlichen Krise war –, sich besonders um mich oder irgendeinen von uns zu kümmern – falls es nicht Adrian war. Ihn liebte sie besonders zärtlich. Sie nannte ihn „Meine Freude". Die spätere Einsicht, das Verständnis, das ich jetzt für ihre Stellung habe, muß zu Wort kommen und hat mir klargemacht, daß eine Frau von Vierzig, mit sieben Kindern – von denen drei schon als Erwachsene behandelt werden mußten und vier noch im Kindesalter waren –, dazu noch ein achtes, Laura, eine Idiotin, die dennoch mit uns lebte; und dann mit einem Gatten, der fünfzehn Jahre älter, schwierig, anspruchsvoll und auf sie angewiesen war, daß eine solche Frau, die das alles aufrechterhalten und kontrollieren mußte, für ein sieben- oder achtjähriges Kind eher so etwas wie eine Institution als eine private Person gewesen sein mußte. Kann ich mich überhaupt erinnern, je mehr als ein paar Minuten mit ihr allein gewesen zu sein? Irgend jemand kam immer dazwischen. Wenn ich unverhofft an sie denke, ist sie immer in einem Raum voller Menschen: Stella, George und Gerald sind da, mein Vater sitzt mit übergeschlagenen Beinen da und liest und dreht eine Haarsträhne um seinen Finger. ‚Geh, und nimm den Krümel aus seinem Bart', flüsterte sie mir zu, und schon trottete ich los.

Ich sehe sie in London schreibend an ihrem Tisch sitzen, die Silberleuchter und den hochlehnigen, geschnitzten Stuhl mit den Klauen und dem rosa Sitz und das dreieckige Tintenfaß aus Bronze; ich schaue verstohlen unter den Rouleaus hindurch und warte verzweifelt, daß sie die

Straße herunterkommt, wenn sie sich verspätet hat und die Laternen schon angezündet sind, und ich bin überzeugt, daß sie überfahren worden ist. (Mein Vater überraschte mich einmal dabei und fragte mich und sagte etwas besorgt, aber vorwurfsvoll: ‚Du solltest nicht so nervös sein, Jinny.') Und dann sehe ich sie zum letzten Mal – sie lag im Sterben, ich kam, um sie zu küssen, und als ich aus dem Zimmer schlich, sagte sie: ‚Halt dich gerade, mein Zicklein.' ... Was für ein Durcheinander von Erinnerungen an meine Mutter mir so durch den Kopf gehen, wenn ich meinen Gedanken freien Lauf lasse – aber ich sehe sie immer in Gesellschaft, immer umringt, immer der Allgemeinheit gehörend, immer für alle da, allgegenwärtig, die Schöpferin dieser von Menschen wimmelnden, amüsanten Welt, die sich so fröhlich im Mittelpunkt meiner Kindheit drehte. Es ist wahr, daß ich jene Welt mit einer andern umschloß, die mein eigener Charakter sich schuf; es ist wahr, daß ich von Anfang an viele Erlebnisse außerhalb jener Welt hatte und mich oft weit von ihr entfernte und ihr vieles vorenthielt; aber da war sie immer, in dem gemeinsamen, sehr amüsanten, sehr stimulierenden und von Menschen wimmelnden Familienleben, und sie war der Mittelpunkt, sie war jene Welt. Das zeigte sich am 5. Mai 1895. Denn nach diesem Tag war von dieser Welt nichts mehr geblieben. An dem Morgen, als sie starb, lehnte ich mich aus dem Kinderzimmerfenster. Es war ungefähr sechs Uhr, glaube ich. Ich sah Dr. Seton fortgehen. Er ging mit gesenktem Kopf, die Hände auf dem Rükken verschränkt. Ich sah die Tauben niedergleiten und sich setzen. Ein Gefühl der Ruhe, der Trauer und der Endgültigkeit überkam mich. Es war ein wunderschöner, blauer Frühlingsmorgen und sehr still. Das läßt das Gefühl wieder aufleben, daß alles an ein Ende gekommen war."

Wie lebendig ist sie für die Tochter hier noch – diese sieht sie, spürt sie, hört sie. Wie sehr vermißt sie sie.

Die Macht und die Herrlichkeit

Einer der bewegendsten Einblicke, die die hier vorgestellten Bücher gewähren, ist mit den in Erinnerungsbildern vergegenwärtigten Müttern verbunden: das Ausmaß von Liebe, leidenschaftlicher, idealisierender, gelegentlich hoffnungsloser Liebe, die so mancher Mutter entgegengebracht wird – ohne daß diese in der Regel ihre „Gegengabe" an Liebe als unzulänglich hätte erkennen können. Von Mutterliebe ist schon immer gesungen und gesagt worden. Hat man aber auch von Tochterliebe schon genügend Kunde gehabt?

Auch für *Nathalie Sarraute,* die französische Schriftstellerin, ist die Mutter die erste große Liebe. Sie beschreibt sie in ihrem Buch *„Kindheit"*:

„Es genügte eine Geste, ein Kosewort von Mama, oder daß ich sie nur in einem Sessel sitzend lesen und aufblicken sah, ihre überraschte Miene, wenn ich mich ihr näherte und zu ihr sprach, sie schaute mich durch ihren Kneifer an, die Gläser vergrößerten ihre goldbraunen Augen, sie schienen riesengroß, voller Einfalt, Unschuld und Gutmütigkeit zu sein ... und ich schmiegte mich an sie, ich drückte meine Lippen auf die feine, seidige, so sanfte Haut ihrer Stirn, ihrer Wangen."

An anderer Stelle hält sie noch einmal fest, mit wie intimer Wahrnehmung sie die Gesichtszüge der Mutter in bildhaft-körperlicher Nähe in sich aufgenommen hat mit allen Sinnen:

„Ich mochte ihre feinen, anmutigen Gesichtszüge, sie waren gleichsam geschmolzen ... ich finde kein anderes Wort dafür ... wie geschmolzen unter ihrer goldenen, rosigen, sanften, sich wie Seide anfühlenden Haut, die noch seidiger war als Seide, die noch wärmer und zarter war als die Federn, als der Flaum eines Vögleins ... Der Bogen, den ihr ein wenig gewölbtes Lid mit ihrem ziemlich hohen Backenknochen bildete, hatte diese Reinheit, diese Art Offenheit wie manchmal bei Kindern. Ihre Augen in der gleichen goldbraunen Farbe wie ihr glattes, seidenweiches Haar waren nicht groß, und ihre Form war etwas ungleich ... wenn sie über etwas staunte, so war es eine ihrer Augenbrauen, ich glaube die linke, die sich höher erhob als die andere."

Über Jahrzehnte hinweg, über Trennung und den Tod der Mutter hinweg, hat die Tochter in den Fingerspitzen wie in den Augen bewahrt, was kein Foto hat festhalten können. Mutters Gesicht hatte sich ihr für alle Zeit eingeprägt.

Desto erstaunlicher, daß sich anderes gar nicht eingeprägt haben sollte. Nathalie Sarraute nennt es feierlich: ihre Kindheitserinnerungen heraufbeschwören, als sie im hohen Alter den Entschluß faßt. Denn ihr geht es nicht nur um die bereitliegenden Erinnerungen, die jederzeit abrufbar sind wie die Anekdoten der Familie und die Fotos im Familienalbum. Ihr geht es vielmehr um – räumlich gedacht: darunter oder dahinter verborgene – andere Bereiche von Vergangenem, die verlorengegangen zu sein scheinen. Diese vergessenen Teile ihrer Kindheitsgeschichte will sie wiederfinden. Dem stellen sich offensichtlich mächtige Widerstände entgegen.

Statt einer Erzählerin vernehmen wir zwei namenlose Stimmen. Die eine Stimme bemüht sich um Unbefangenheit, versucht einfach loszusprechen. Die andere Stimme mahnt zur Vorsicht, warnt. Später, im Verlauf der Erinnerungsarbeit, wird sie es sein, die anspornt, größere Genauigkeit fordert und erst Ruhe gibt, wenn sie den Eindruck hat: Jetzt ist sie ans Licht gebracht, die Wahrheit von damals.

Zu Beginn rät die zweite Stimme ab. Sie malt aus, wie schwer es ist, zum ersten Mal etwas heraufzubeschwören aus dem jahrzehntelang nicht Angerührten, das zu einer Art Tod erstarrt ist. Aber die erste Stimme spricht davon, daß es doch noch zitternd in einem Zwischenreich existiere, das Vergangene.

Die beiden Stimmen der einen Erzählerin sind in ihrem Gegeneinander genau verknüpft mit der ersten Erinnerung, die sie hervorrufen und die ebenso aus Rede und Gegenrede bestand, aus der Zeit, als die Autorin fünf oder sechs Jahre alt war (jetzt ist sie in den Achtzigern): „Nein, das tust du nicht" ...

Das Verbot in eben diesem Wortlaut ruft eine Szene in der Halle eines Ferienhotels hervor, in dem das Kind mit seiner Gouvernante sitzt. Es hat aus dem Nähkörbchen der Erwachsenen eine Schere hervorgezogen und deren Spitze drohend gegen den straff gespannten Seidenstoff des Sofas gerichtet. „Doch, ich werde es tun" – das meint die Tat des Kindes: „Ich steche die Scherenspitze mit aller Kraft hinein, die Seide gibt nach, sie zerreißt, ich schlitze die Rückenlehne von oben nach unten auf und betrachte, was da herauskommt ... etwas Weiches, Gräuliches wölbt sich aus dem Schlitz hervor" – und das meint auch das Durchstechen der Schutzschicht, das die noch nicht zugänglich gewesenen Erlebnisse von damals hervorquellen läßt. Und was da hervorkommt, das ist auch etwas ganz anders Geartetes, als die schöne blanke Oberfläche der Erinnerung „Kindheit" vermuten ließ.

Die sich sogleich anschließende Erinnerung gibt ein Beispiel von der Beschaffenheit dieser vergessenen Erinnerungsbereiche, die da so zögernd ans Licht kommen. Die Szene spielt im Eßsaal dieses oder eines anderen Hotels, in dem das Kind ohne die Mutter die Ferien verbringt. Eine wohl den meisten Eltern und Kindern wohlbekannte Situation spielt sich ab: Das Kind verstaut alles, was ihm in den Mund geschoben wird, in die Backentaschen; es schluckt nichts herunter. Aber der Grund ist ein anderer als der wohlbekannte: Er ist Teil der vergessenen Geschichte dieses Kindes, und er hat zu tun mit Mutters unsichtbarer Gegenwart.

Kurz vor der Abfahrt zu diesem Hotel hatte die Mutter das Kind untersuchen lassen und anschließend ermahnt:

„‚Hast du gehört, was Doktor Kervilly gesagt hat? Du mußt die Speisen so lange zerkauen, bis sie so flüssig wie Suppe sind ... Vergiß es vor allem nicht, wenn du ohne mich drüben sein wirst, drüben wird man es nicht wissen, drüben wird man es vergessen, wird man nicht darauf achten, du wirst selbst daran denken müssen, du mußt dich an das, was ich dir rate, erinnern ... versprich mir, daß du es tun wirst ...' – ‚Ja, ich verspreche es dir, Mama, du kannst ganz beruhigt sein, du brauchst dir keine Sorgen zu machen, du kannst dich auf mich verlassen ...' Ja, sie kann ganz sicher sein, ich werde sie in mir ersetzen, sie wird mich nicht verlassen, es wird so sein, als ob sie immer da wäre, um mich vor Gefahren zu schützen, welche die anderen hier nicht kennen, wie könnten sie sie auch kennen? sie allein kann wissen, was mir zuträglich ist, sie allein kann das, was gut für mich ist, von dem, was schlecht für mich ist, unterscheiden.

Ich kann es ihnen noch so oft sagen und erklären ... ‚So flüssig wie Suppe ... das hat der Doktor, das hat Mama mir gesagt, ich habe es ihr versprochen' ... Sie schütteln den Kopf, sie lächeln ein wenig, sie glauben nicht daran ... ‚Ja, ja, schon gut, aber du solltest dich trotzdem beeilen, schluck's runter ...' Ich kann aber nicht, es gibt nur mich hier, die Bescheid weiß, die es allein beurteilen kann ... wer kann hier sonst an meiner Stelle entscheiden und mir erlauben ... wenn der Moment noch nicht gekommen ist ... ich kaue so schnell ich kann, ich versichere es Ihnen, meine Wangen tun mir weh, ich laß Sie nicht gern warten, aber ich kann nichts daran ändern: Es ist noch nicht ‚so flüssig wie Suppe' ... Sie werden ungeduldig, sie treiben mich an ... was schert sie das schon, was meine Mutter gesagt hat? sie zählt hier nicht ... keiner hier außer mir berücksichtigt es ...

Wenn ich jetzt meine Mahlzeiten einnehme, ist der Kinderspeisesaal leer, ich esse nach den anderen oder vorher ... ich habe ihnen ein schlechtes Beispiel gegeben, es sind Klagen von Eltern gekommen ... aber das macht nichts ... ich bin immer noch hier, auf meinem Posten ... ich widerstehe ... ich halte stand auf diesem Stückchen Erde, wo ich ihre Farben gehißt habe, wo ich Mutters Fahne aufgepflanzt habe (...)

Wenn ich nachgäbe, wenn ich einwilligte, dieses Stück herunterzuschlucken, ohne es vorher so flüssig wie Suppe zerkaut zu haben, so würde ich etwas Schlimmes tun, was ich ihr nie erzählen könnte, wenn ich wieder nach drüben, zu ihr zurückkehren würde ... ich würde diesen Verrat, diese Feigheit tief in mir tragen müssen.

Wäre sie bei mir, so brauchte ich vielleicht schon lange nicht mehr daran zu denken und könnte, wie ich es gewöhnt war, ohne zu kauen, schlucken. Meine Mutter selbst hätte es, so wie ich sie als eine unbekümmerte, zerstreute Person kannte, längst vergessen ... aber sie ist nicht hier, sie hat es mir mit auf den Weg gegeben ... ‚so flüssig wie Suppe' ... von ihr habe ich es ... sie gab es mir, damit ich es behalte, ich muß es ehrfürchtig aufbewahren, es vor jedem Angriff schützen ... Ist es wirklich schon das, was man ‚so flüssig wie Suppe' nennen kann? Ist es nicht noch zu dick?

Nein, wirklich, ich glaube, daß ich es mir erlauben kann, es herunterzuschlucken ... und dann das nächste Stück aus meiner Backentasche hervorzuholen ...

Es tut mir wirklich leid, dieser so sanften, geduldigen Person eine solche Unannehmlichkeit zuzumuten, und meinem Vater vielleicht Kummer zu bereiten ... aber ich komme von weit her, von einem fremden Ort, zu dem sie keinen Zugang haben, dessen Gesetze sie nicht kennen, Gesetze, die ich drüben schelmisch mißachten kann, es kommt schon einmal vor, daß ich sie verletze, aber hier nötigt mich die Loyalität, mich ihnen zu unterwerfen. Ich ertrage tapfer die Rügen, die Spöttereien, die Ausschließung, die Vorwürfe, boshaft zu sein, die Unruhe, die meine Verrücktheit hier erzeugt, und das Schuldgefühl ... aber ist es überhaupt vergleichbar mit den Gewissensbissen, die ich haben würde, wenn ich mein Versprechen nicht hielte, heilig gewordene Worte verhöhnte, jedes Pflicht- und Verantwortungsgefühl verlöre, mich wie ein schwaches, kleines Kind aufführte und einwilligte, dieses Stück herunterzuschlucken, bevor es ‚so flüssig wie Suppe' geworden wäre."

Das erste der wiedergefundenen Kindheitserlebnisse kreist um die absolute Treue der Tochter, die sie der abwesenden Mutter hält. Sie hat Mutters Farben gehißt; deren Wort ist ihr Losungswort. Und dabei schildert sie die Mutter als eher unbekümmerte, zerstreute, sorglose Frau. Mag *sie* das Wort längst vergessen haben – für die kleine Tochter ist Mutters Wort das Zuhause in der Fremde, ihr „Stückchen Erde" mit Mutters Fahne. Wie häufig ist es ein Wort, ein Satz, dessen Lebenskraft über den Anlaß hinaus sich nicht abschwächt, im Guten wie im Bösen.

Die kleine Tochter verehrt in der Mutter durchaus mehr als Irdisches. Sie hat offenbar gar kein Interesse daran, die Mutter in ihrem Verhalten zu beurteilen, wie es wirklich ist. Sie hat vielmehr ein ungeheures Bedürfnis danach, sie über alle anderen Menschen zu stellen. Die zweite Stimme forscht:

„Wieviel Zeit hast du gebraucht, bis du dir sagtest, daß sie nie, es sei denn ganz zerstreut und unbeholfen, versuchte, sich an deine Stelle zu versetzen ..."

„Ja, merkwürdigerweise gehörte diese Gleichgültigkeit, diese Ungeniertheit zu ihrem Zauber, sie bezauberte mich im eigentlichen Sinne dieses Wortes ... Nie hat auch nur die geringste Äußerung anderer, so nachdrücklich sie auch gewesen sein mochte, in meinem Innern die Schlagkraft gehabt wie gewisse Äußerungen von ihr."

Das galt für das Gebot, erst herunterzuschlucken, wenn das Gekaute „flüssig wie Suppe" sei, das galt ebenso für die Warnung: „Wenn du einen Mast berührst, dann stirbst du ...". Mama und ihr zweiter Mann spazieren voran, die kleine Tochter will ausprobieren, ob es stimmt. Aber sie weiß doch von vornherein, daß alles stimmt, was Mama sagt. Sie berührt also den Mast – und rennt schreiend hinter Mama her: „Ich bin tot, tot, tot ..." Sie traut Mamas Worten mehr als ihren eigenen Sinnen.

Das magische Denken des Kindes stattet die Mutter mit einer Allmacht aus, die schon den Keim künftiger Enttäuschungen in sich trägt. Denn diese Mutter ist nicht treu, jedenfalls nicht so treu, wie es das Kind ist und von ihr erwartet.

Die Mutter ist Schriftstellerin, in ihren eigenen Welten lebend, phantasievoll und launisch. Das Kind will es nicht wahrhaben – und hat es doch gemerkt, wie ihr die von weit her aufsteigenden Erinnerungen zeigen.

Während einer schweren Krankheit, die die Tochter lange ans Bett fesselt, hat die Mutter viel Zeit in ihrem Zimmer verbracht, hat ihr auch vorgelesen –

„... wenn ich ihr sage, daß ich Schlaf habe oder müde

bin, schließt sie das Buch sehr schnell, mir scheint dann, daß sie froh ist, aufhören zu können ..."

Die zweite Stimme ist wieder einmal skeptisch, fordert Genauigkeit:

„Fühltest du das damals wirklich?" Und der innere Dialog fördert allmählich diese Erinnerung zutage:

„Ich glaube ja, ich merkte es, aber ich habe sie keineswegs verurteilt ... war es nicht selbstverständlich, daß ein Kinderbuch eine erwachsene Person, die lieber schwierige Bücher lesen wollte, nicht interessierte? Erst am Schluß der Krankheit, als ich aufstand, kurz bevor ich in den Garten hinunterging ..."

„Hier enden die ‚schönen Erinnerungen', die dich so mit Skrupeln erfüllten ... sie entsprachen allzu sehr den Modellen ..."

„... Als ich auf meinen noch wackeligen Beinen in meinem Zimmer stand, habe ich durch die offene Tür gehört, wie Mama zu ich weiß nicht wem sagte: ‚Wenn ich bedenke, daß ich hier die ganze Zeit mit Natascha eingeschlossen war, ohne daß irgend jemand daran gedacht hat, mich bei ihr abzulösen'. Aber das, was ich in dem Moment empfunden habe, war bald wie weggefegt ..."

Die unerbittliche, unbestechliche zweite Stimme verbessert:

„Hat sich dir eingeprägt, solltest du sagen ..."

Und die erste Stimme muß einräumen: „Mag sein ... so tief jedenfalls, daß ich nichts davon an der Oberfläche sehen kann ..." An der Oberfläche sieht sie nur das, was sie nicht vergessen hatte und was auch – aber eben nicht nur – wahr war: die überwältigende Zärtlichkeit, die sie für die Mutter empfand und die Teil des Zaubers war, der sie band.

Hier wird sinnlich anschaulich, weshalb sich die Momente erfahrener Kränkung nicht im Bewußtsein halten konnten und „wie weggefegt" zu sein schienen. Die zärtlichen Gefühle des Kindes wollten nicht wahrhaben, daß sie nicht im selben Maße erwidert wurden. Die ganze, volle Wahrheit tritt erst zutage, als beides aus der Vergangenheit ins Bewußtsein treten kann: die erste Liebe und die erste Enttäuschung. Beide heißen: Mama.

Der Vater, von dem die Mutter lange schon getrennt lebt, so daß das Kind in der Regel nur während der Ferien mit ihm und seiner zweiten Frau zusammen ist, wird auch geliebt, aber auf eine deutlich unterschiedliche Weise, weniger kompliziert, weniger überwältigend. Es ist nicht diese verzehrende Zärtlichkeit, sondern eher eine Sicherheit des Gefühls – weniger Geheimnis, mehr Klarheit. Das feste Band, das Vater und Tochter hält, wird erst spürbar, als es die Mutter ist, die zurücktritt in ihr eigenes Leben und dem Vater das Kind überläßt.

Der Weg dorthin ist lang, und seine vielfältigen Stationen müssen alle erst wieder hervorgeholt werden aus dem gestaltlosen Nebel des Vergessens und des Klischees wunderbarer Kinderzeit. Die Stationen allmählicher Loslösung werden erst im Rückblick faß- und erinnerbar als jähe Momente, in denen jedesmal etwas geschah, das dem gewünschten, gewollten Gefühl ungebrochener Zusammengehörigkeit von Tochter und Mutter nicht entsprach, und einmal nicht die „große suggestive Macht" der Mutter die Empfindungen und Wahrnehmungen der kleinen Tochter bestimmte. Zum Beispiel hier:

Dieses Kind will gar keine Geheimnisse vor der Mutter haben. Es muß der Mutter alles anvertrauen, und „alles" meint: selbst für die Mutter unerfreuliche Tatbestände. In ihrer vertrauensvollen Hingabe gesteht sie der Mutter – „so wie ich ihr eine Schramme, einen Splitter, eine Beule zeige" –, daß sie eine Friseurpuppe schöner finden muß als die Mutter, die doch eigentlich die Allerschönste ist. Ihr selbst ist das so entsetzlich, daß sie diesen Kummer mit der Mutter teilen muß. Aber diese macht es nicht wieder gut. Sie weiß dieses tiefe Vertrauen nicht zu würdigen.

„Aber Mama läßt meine Hand los, oder hält sie nicht mehr so fest, sie schaut mich mit ihrem unzufriedenen Blick an und sagt: ‚Ein Kind, das seine Mutter liebt, findet, daß niemand schöner ist als sie'."

Das sind wieder mütterliche Worte von der Art, wie sie das Kind verfolgen und nicht loslassen; es fühlt sich wie ein Ungeheuer: ein Kind, das seine Mutter nicht liebt ... – Immer noch wird es eher irre an sich selbst als an der über alle Kritik erhabenen Natur der Mutter. Entgegen einem weit verbreiteten Vorurteil hat der Blick dieser Mutter nicht so aufmerksam auf der Tochter geruht wie der Blick der Tochter auf der Mutter.

Die so häufig als Ort der Selbstentfremdung erlebte und beschriebene Schule erscheint dem Kind deshalb als ein Ort der Gerechtigkeit. Hier wird nichts in es hineingelegt, hier herrschen keine unausgesprochenen Erwartungen, sondern nur klar definierte Aufgaben und Pflichten, und für deren Erfüllung gibt es Noten, wohlverdiente, hier herrscht Eindeutigkeit und Wechselseitigkeit im Nehmen und Geben.

In ihren Briefen spricht die Mutter zwar immer noch von „Liebe", von „unserer Liebe" – gleichzeitig zeigen die Briefe und die seltenen Wiedersehens-Stunden, daß sie das Kind gar nicht mehr kennt und daß sie das wohl auch nicht als Verlust empfindet.

Die Tochter Natascha schafft es im Laufe der Jahre, sich dem Vater zuzuwenden und es zu genießen, wenn er sie „meine Tochter" nennt.

Als Roman bezeichnet *Cordelia Edvardson* ihren 1986 (zunächst auf Schwedisch) erschienenen Lebensbericht *„Gebranntes Kind sucht das Feuer"*, in dem doch alle Fakten, einschließlich der Namen, der gelebten Realität entsprechen.

Cordelia ist die älteste Tochter der Dichterin Elisabeth Langgässer, die durch ihre naturmagische Lyrik und ihren Roman „Das unauslöschliche Siegel" besonders unmittelbar nach dem Krieg eine große Resonanz fand. Die Dichterin war sogenannte Halbjüdin und ihre Tochter, aus der Verbindung mit einem jüdischen Mann stammend, nach den Bestimmungen der Nazis „Dreivierteljüdin". 1929 geboren, wuchs sie im Berlin des sich etablierenden Nationalsozialismus auf. Der Hauptteil des Buches hält die Erinnerungen der jetzt über Fünfzigjährigen an die Zeit ihrer Kindheit und Jugend fest.

Es beginnt so:

„Natürlich hatte das Mädchen schon immer gewußt, daß etwas mit ihr nicht stimmte.

Sie war nicht wie die anderen. Mit ihr war ein Geheimnis verknüpft, ein sündiges, schändliches, dunkles Geheimnis. Nicht ihre eigene Sünde und Schande, nein, sondern etwas, wozu sie geboren und auserwählt, weswegen sie ausgesondert, abgesondert und abseits gestellt worden war.

Und darin fand sie ihren Stolz, um nicht zu sagen: ihren Hochmut. Ausgesondert, abgesondert und abseits gestellt worden sein, das hieß auch auserwählt sein! Auserwählt – wozu? Gewiß nicht dazu, die goldene, strahlende, edelsteinbesetzte Krone der Prinzessin zu tragen. Prinzessinnen waren gut, zart und blond mit blauen Augen. Das Mädchen wußte, daß sie das Gegenteil von einer Prinzessin war; ein dunkles, pummeliges, boshaftes und trotziges kleines Gör, das keineswegs in einem verzauberten Garten wohnte, sondern in einer dunklen Wohnung in Berlin-Siemensstadt. Oh, dieses frühe Dunkel!

Aber, tröstete sich trotzig das Mädchen, immerhin trug auch sie eine Krone, die Krone des Leidens, die Dornenkrone, die dem verliehen wird, der ‚ins Totenreich hinabgestiegen' ist. Denn dies war ihr Auftrag, ihre Berufung, und wie so häufig bei einer echten Berufung kam sie früh, sehr früh. Und das Mädchen hörte, sah und gehorchte. Sie, die die Macht und die Herrlichkeit besaß, hatte zu ihr gesprochen.

Als das Mädchen noch ein hilfloses kleines Kind mit nachdenklichen, traurigen braunen Augen war, einem Erbteil ihres jüdischen Vaters, pflegte die Mutter den Kopf auf das Strickjäckchen über der Brust des Kindes zu legen, um Trost und Hilfe zu suchen. ‚Strickbrüstchen' hieß dieser Ritus. Die Mutter, die alleinstehende, die geplagte und von ihren Gesichten vergewaltigte, las ihrem Kind ein Gedicht vor, ein kleines Lied von den eisigen Winden der kalten, dunklen Welt draußen, von dem Vögelchen, das im Nest Schutz unter den Fittichen der Mutter sucht, und von dem Kind, das geborgen in den Armen der Mutter liegt. Und die Mutter an der Brust des Kindes, denn das schuldlose, unschuldige Kind ist die Zuflucht der Mutter, ihre Rettung und ihr Opferlamm. Wer stillte wen? Wer sandte Proserpina aus, Blumen zu pflücken, die ihre Lebenskraft aus der Erde des Totenreichs sogen? ‚Proserpina', so hieß der erste Roman der Mutter, die Tochter las ihn nie, es war nicht nötig. Die Botschaft war viel, viel früher empfangen worden.

Die Mutter nährten die eigenen Mythen, und durch die Nabelschnur, die nie durchschnittene, nährten sie auch die Tochter. Proserpina und das Jesukind. Die kleine, pausbäkkige Wachspuppe der Krippe als Herr und Erlöser der Welt, dieser schwindelerregende Mythos vom vernichtenden Sieg des Schwachen und Wehrlosen über das Böse, über Verrat, Schmach und Sünde – war es dieser Mythos, den die Mutter des Mädchens durch die Tochter wiederbeleben und bekräftigen wollte?"

Die Mutter, oft „meine schöne Mutter" genannt, von dem Mädchen „mit der demütigen Hingabe eines Pagen" geliebt, ist Dichterin in dem umfassenderen, gefährlichen Sinne, daß sie sich – wie die Tochter schreibt – auch ihre eigene Wirklichkeit erdichtete mitsamt den Menschen darin, so wie sie sie brauchte. Sie wurde von ihren Visionen heimgesucht, und sie überschwemmte das Kind mit ihnen, unbekümmert um seine Fassungskraft und die Bekömmlichkeit solcher Identifizierungsangebote.

Beispiellos scheint die Nähe der Tochter zur Mutter, der Mutter zur Tochter – so eng, als seien sie noch immer, wie in den Monaten vor der Geburt, ein Organismus. Es scheint nicht möglich auszumachen, wer wen schützt, nährt, stillt. Das ist aber nur die eine Charakterisierung.

Sie wird durchkreuzt von einer anderen, die eine Vorläuferin als Beispiel ausdrücklich bei Namen nennt: Proserpina, eine Gestalt aus der griechischen Mythologie (dort heißt sie Persephone). Daß zu den Vorläufern denn auch im gleichen Atemzug das Jesuskind hinzugezählt wird, erscheint geradezu lästerlich – ebenso wie die Umschreibung „Sie, die die Macht und die Herrlichkeit besaß" für die Mutter. Als sei sie Gott. Nicht mehr bedürftig wie das Kind erscheint die Mutter in dieser Sicht, sondern als übergeordnete, als unbedingt bestimmende Auftraggeberin.

Es muß – soviel geht schon aus diesen ersten Seiten der Lebensbeschreibung hervor – für ein Kind nahezu unmöglich sein zu wissen, wer es ist und wo es hingehört angesichts derartig widersprüchlicher und zugleich hoch bedeutsamer Bestimmungen und Zuordnungen dessen, wo Ort und Identität der Mutter sind.

Denn nicht einmal der Name Proserpina liefert ein eindeutiges Vorbild, bezeichnet nicht eine ein für alle Mal klar umrissene Gestalt.

Mit dem ersten Roman der Mutter, der den Namen „Proserpina" trägt und auf den die Tochter anspielt, hat es eine seltsame Bewandtnis. Er ist im selben Jahr auf die Welt gekommen wie die Tochter. Während die Mutter also ihr erstes Kind erwartete, phantasierte sie in ihrem ersten Roman ein kleines Mädchen. Es hieß Proserpina und war in jedem Sinne nicht von dieser Welt; es war in Krankheiten entrückt, in die wilde Natur entrückt, es war im Bunde mit den Mächten des Unterirdischen in ihrer abgesonderten Gartenwelt. Ihre Mutter trug den Namen der Erd- und Fruchtbarkeitsmutter, Ceres (griechisch: Demeter), und war in beiden Welten zu Hause. So heißt es im Roman der Elisabeth Langgässer:

„Daß die Erde von etwas Unaussprechlichem dampfte, hatte sie (d. h. die Tochter) selbst gefühlt und vor ihm in jenes vertraute, warme und gefahrlose Reich entfliehen wollen, das am Anfang jedes menschlichen Lebens steht: in das Reich der Mutter. Aber ach, weil die Muttergöttinnen alle zugleich Herrscherinnen der Unterwelt sind, so konnte jene Flucht nur ein Sturz von Tiefe zu Tiefe sein, und die ihr auf dem Grunde des Traumbilds entgegendämmerte, war beides in einem: Maria und Hekate, Freude und Grauen, Ursprung und Ende."

Das ist alles sehr wirr und verwirrend in dem Roman der Mutter. Für unseren Zusammenhang wichtig erscheint mir dies:

Da ist in der Phantasie der Mutter bereits eine feste Verbindung zwischen einer kleinen Tochter und einer abgesonderten Tochter-Gestalt, die eine enge Beziehung zur Unterwelt, zum Totenreich unterhält – und bei dieser in Beziehungsdenken und Analogien verstrickten Mutter ist schon der Name *Cordelia* eine schwere Mitgift: seine Vokale wiederholen die des Namens *Proserpina;* (zugleich verweist er auf das Schicksal von König Lears dritter Tochter, Cordelia, in Shakespeares Tragödie, die liebte, schwieg und aus Liebe in den Tod ging). Und die werdende Mutter phantasierte eine Mutter mit einem Doppelgesicht – nicht etwa die bekannteste überlieferte Mutter Proserpinas, die mythische Demeter, wie sie trauernd und verzweiflungsvoll über die ganze Erde zieht und Dürre verbreitet, weil ihr vom Gott der Unterwelt die Tochter listig geraubt worden ist. Nein, von der ist keine Rede, sondern von wiederum vieldeutigen Überlieferungen, allumfassenden und zugleich jede Identifizierung zurückweisenden.

Was die Tochter aus all dem unheimlich Schillernden herausgehört und sich zu eigen gemacht hat als ihr von der Mutter vermachtes Selbstbild, ist die Retterin, die sich selbst zum Opfer bringt.

Als dem Kind Cordelia der Feind in Gestalt der judenverfolgenden Nazis in Berlin entgegentritt, ist es auf schreckliche Weise „einverstanden". Das war ja das Opfer, für das sie sich auserwählt wußte. Der Verstand weigert sich nachzuvollziehen, daß eine Tochter dies als mütterlichen „Auftrag" hat auffassen können. Aber vielleicht war dies ihre einzige Möglichkeit, in der Sinngebung des Widersinnigen – wie falsch und zerstörerisch sie auch von uns her erscheint – eine Brücke zum Überleben zu bauen. Was von der Mutter kam, konnte nicht ganz und nicht nur böse sein.

Noch auf andere Weise erfuhr sie in den Lagern die Doppelgesichtigkeit, die Macht und die Herrlichkeit der Mutter. Diese hatte sie nicht nur mit einer Bereitschaft zum Tode ausgestattet („O ja, schlafen zu dürfen, geborgen und sanft, im Schoß des Todes, der Mutter" heißt es im Roman der Tochter), sondern auch mit Märchen, Liedern und Gedichten, ihren eigenen und denen des Matthias Claudius. Lange Zeit wirkten sie schützend wie die drei Blutstropfen im Märchen, und die Tochter fühlte sich von ihnen getragen durch die entsetzlichen Erfahrungen von Hunger und Durst, Einsamkeit, Angst und Krankheit in den Konzentrationslagern.

Als die Monate dahingehen, können sie die Lieder und entrückenden Bilder der Mutter nicht mehr beschützen. „Das unersättliche Nichts hat alles verschlungen." An die Stelle der machtvollen mütterlichen Deutungsmuster tritt der reale Eindruck einer anderen Zusammengehörigkeit von Mutter und Kind.

Sie hat eine Mutter gesehen, die sich im Lager nicht von ihrem Kind trennt. Sie könnte ihr eigenes Leben, jedenfalls für den Moment, retten, wenn sie das Kind losließe. Aber sie läßt nicht los. Gemeinsam gehen sie in den Tod. Dieser Eindruck stellt ihr vom Opfer-Mythos geprägtes Selbstbild in Frage: Er ist „gefährlich und muß – kann aber nicht – weggeschoben und vergessen werden".

Cordelia vergleicht nicht. Sie stellt nur dar. Mit keinem Wort legt Cordelia nahe, ihre Mutter anzuklagen – diese war ja selbst ständig in Gefahr. Und wie eine warnende Tafel hat die Tochter vor den ersten Teil ihres Buches dieses Motto gestellt: „Die Vergangenheit ist unserer Barmherzigkeit ausgeliefert." Doch an dieser Stelle läßt die rückblikkende Tochter die Loslösung von der unbefragten Macht und Herrlichkeit der Mutter beginnen.

1945 wird Cordelia vom skandinavischen Roten Kreuz gerettet. Sie ist 16 Jahre alt. In einem schwedischen Krankenhaus braucht sie viele Monate, um zunächst einmal wieder körperlich gesund zu werden. Von der Mutter ist nur einmal noch, in einem ganz kurzen Kapitel, die Rede:

„Jahr auf Jahr verbarg die junge Frau den wilden Zorn, er erfüllte sie ganz, erstickte sie fast, aber die beiden, die Frau und ihr Zorn, wurden nie miteinander bekannt. Der Zorn war zu überwältigend, als daß sie es hätte wagen können, ihm zu begegnen, er hätte sie zersprengt, und er wäre zu einem blitzenden Messer geworden für den Stoß ins Herz der Mutter. Aber den Muttermord wagte sie nicht. Er hätte auch Cordelia ausgelöscht, die Auserwählte, die Auserkorene, diejenige, die ihr Treuegelöbnis hielt.

Die Mutter schrieb einen Brief an ihre Tochter in Schweden. Sie arbeite an einem neuen Roman, schrieb sie, in dem eine junge Frau vorkomme, die in Auschwitz gewesen sei, eine Überlebende. Es sei wichtig, daß die Erinnerungen der jungen Frau bis ins einzelne korrekt seien, danach könne sie, die Mutter, diese in erdichteter Form wiedererstehen lassen. Könne die Tochter ihr von der täglichen Routine in Auschwitz berichten, es aufschreiben?

Die Tochter antwortete, beschrieb, so gut sie es vermochte. Später, als sie den Roman der Mutter las, erkannte sie ihre Erinnerungen nicht wieder. Es war sowohl zuviel als auch zuwenig. Es wurde vom Feuer gesprochen, aber von der Asche geschwiegen. Wie hätte es auch anders sein können, es war ja von einer Lebenden geschrieben worden."

Ihr erstes Weihnachtsfest nach Lagern und Krankenhäusern darf sie bei einer schwedischen Familie verbringen. Die Gastgeberin möchte dem stummen, fremden Gast helfen, dies schöne Familienfest zu genießen. So wenig wie ihre Mutter wissen wollte, wie es in ihrem eigenen Innern ausgesehen hatte, als sie sich nach der Lager-Routine erkundigte, ebensowenig will es die schwedische Mutter wissen. In bester Absicht rät sie dem Mädchen, „all das Schreckliche, was passiert ist", endlich zu vergessen.

Cordelia hat damals geschwiegen, ist aufgesprungen und aus dem festlichen Familienzimmer gestürzt. Ihren Schrei, damals stumm, faßt sie jetzt in Worte:

„Hinter sich haben, vergessen, gesund sein – das Mädchen spürte, wie sich Verzweiflung, Wut und Haß in ihrer Kehle zu einer glühenden Feuerkugel zusammenballten. Noch fehlten ihr die Worte, aber hätte sie sie gehabt, dann hätte sie geschrien: ‚Ich will es aber nicht hinter mir haben, will aber nicht gesund werden, will aber nicht vergessen!

Ihr wollt immer nur einen Strich durch alles machen, wie es so schön und bequem heißt. Ihr wollt mir meine Angst wegnehmen, sie verleugnen und ausstreichen und euch vor meiner Wut schützen, aber dann streicht ihr auch mich aus, ‚ausradieren' nannten es die Deutschen, dann verleugnet ihr auch mich, denn all dies bin ich. Heute, in dieser Weihnachtsnacht, bin ich all dies!'"

Erst eine andere Mutter, eine Therapeutin, verhilft ihr aus der starren, brütenden Melancholie heraus zu lebendiger, bewegender Trauer, „eine vogelhaft zarte und erbarmungslos starke jüdische Frau".

In ihrem Bericht davon stellt sich bei der Autorin wieder das Bild ein, das wir schon einmal von ihr hörten: Diese Frau ist es, „die sich ihrer annahm und willens war, sie bis zu den Pforten der Hölle und durch sie hindurch zu begleiten. Gemeinsam, Hand in Hand, stiegen sie hinab in das Totenreich."

Sie rät nicht zum Verdrängen, zum Vergessen, sie begleitet die so grausam Verwundete mitten hinein in ihre Erinnerungen und läßt sie nicht mit ihnen allein. Sie verhilft ihr zum Bewußtsein dessen, was sie durchgemacht hat, und das heißt: zu ihrer Vergangenheit als lebendigem Bestandteil ihrer Gegenwart. Sie wagte es, „dem Untier ins Gesicht zu sehen und zu sagen: ja, so war es – nur schlimmer, noch schlimmer".

Die Therapeutin-Mutter besitzt nicht die Macht und die Herrlichkeit; sie teilt die Erniedrigung und die Ohnmacht. Dadurch kann sie die Tochter erkennen, anerkennen auch dann, wenn sie nicht siegreich überwindet, sondern leidet und von Haß und Angst erfüllt ist. Was diese Frau dazu befähigte, „Hand in Hand" mit Cordelia in alle ihre furchtbaren Erinnerungen hineinzugehen, ist ihre „klarsichtige Kraft", „ohne jede Spur von lästiger, an sich kettender Gefühlsseligkeit". Dieses Mit-Leiden ohne Gefühligkeit heißt: Sympathie. Auch für die gar nicht sympathischen, die abstoßenden Seiten der Leidenden. Sie braucht sie nicht zu schonen, braucht nichts auszustreichen, nichts zu verleugnen. Und nur dadurch erfährt sie endlich, wer sie eigentlich selbst ist, hier und jetzt. „Denn all dies bin ich." Dies *auch.*

Die Tochter erwähnt nicht, daß die Mutter auf die Nachricht von der in Schweden wiedergefundenen, der geretteten Tochter ein Gedicht gemacht hatte. Dieses Gedicht hat damals, gleich nach dem Krieg, vielen Menschen in Deutschland sehr viel bedeutet. Es drückte die Stimmung aus, die die erfüllt, die noch einmal davongekommen sind.

Frühling 1946

Holde Anemone,
bist du wieder da
und erscheinst mit heller Krone
mir Geschundenem zum Lohne
wie Nausikaa?

Windbewegtes Bücken,
Woge, Schaum und Licht!
Ach, welch sphärisches Entzücken
nahm dem staubgebeugten Rücken
endlich sein Gewicht?

Aus dem Reich der Kröte
steige ich empor,
unterm Lid noch Plutos Röte
und des Totenführers Flöte
gräßlich noch im Ohr.

Sah in Gorgos Auge
eisenharten Glanz,
ausgesprühte Lügenlauge
hört ich flüstern, daß sie tauge
mich zu töten ganz.

Anemone! Küssen
laß mich dein Gesicht:
Ungespiegelt von den Flüssen
Styx und Lethe, ohne Wissen
um das Nein und Nicht.

Ohne zu verführen,
lebst und bist du da,
still mein Herz zu rühren,
ohne es zu schüren –
Kind Nausikaa!

Ein Gedicht ist eine Wirklichkeit eigener Art, kein Abbild der Wirklichkeit. Dieser Vorbehalt verbietet umstandlose Gleichsetzungen: Die holde Anemone „ist" nicht die Tochter, sie „ist" auch nicht das Kind Nausikaa, das dem Heimkehrer Odysseus auf einer seiner Stationen in die Heimat so lieblich erschien. Anemone und Kind Nausikaa können aber auch gar nicht im Gedanken an die wiedergefundene Tochter in das Gedicht Eingang gefunden haben, denn *diese* war ja die Heimkehrerin, die Geschundene, zurückgekehrt aus der Unterwelt. Sie allerdings empfand, wie wir bei ihr gelesen haben, kein „Entzücken" bei ihrer Wiederkehr, und eigentlich heimgekehrt ist sie nie. So war die Tochter wohl der Anlaß für dieses Frühlingsgedicht, aber die Tochter konnte sich in ihm ebensowenig wiederfinden wie im Roman der Mutter über die Lagerzeit.

Die Tochter ist nie mehr zur Mutter heimgekehrt. Im kurzen letzten Teil des Buches beschreibt sie, wie sie, nun selber Mutter, einen neuen Weg zu finden versucht und eine Identität, in die ihre Erfahrungen eingehen können, ihre eigenen, unverwechselbaren. Sie tritt zum jüdischen Glauben über und geht nach Israel, dem Land, in dem Überlebende immer aufs neue ums Überleben kämpfen müssen.

Sie hat aufgehört, abgesondert und Tochter nur *einer* Mutter zu sein. Ihr Buch widmet sie ihren Müttern, und von denen ist Elisabeth Langgässer die erste, neben einer israelischen und einer schwedischen Frau.

Die Kette: Großmutter, Mutter und Kind

In den „Erzählgedichten" der *Gisela Steineckert* sind Nuancen des Verhältnisses von Töchtern zu Müttern in seiner Zeitlichkeit in den Blick gefaßt. Es ist die Frau in der Mitte, die sich Rechenschaft ablegt über ihre Stellung in der Generationenabfolge – der Kette. Aber „Stellung" ist ein irreführendes Wort. Es suggeriert eine Statik, die ja gerade in der Betrachtungsweise der Autorin in Bewegung gebracht wird. Sie vergegenwärtigt ihre Mutter, dann sich selbst als Tochter, sodann sich selbst als Mutter und schließlich als Großmutter. Es ist – wie alle Aufklärung – heilsam und erschreckend zugleich, wie sich mit dem Standpunkt die Gefühle, der Ton und die Einschätzung dieses Verhältnisses ändern – und es ist doch allemal dieselbe Frau, die diese unterschiedlichen Einschätzungen vornimmt und diese unterschiedlichen Gefühle in sich vorfindet: Die Frau in der Mitte, die die Kette spürt und sie durchbrechen will. Die Erfahrungen mit der eigenen Mutter, das heißt ihr eigenes Tochter-Sein, tönt ihr Mutter-Sein. Und zwar in zweierlei Weise: als Erfahrung einer Gefangenschaft in der unvermeidlichen Wiederkehr des Gleichen, und auch als große Chance der Veränderung, gewissermaßen als Korrektur des eigenen Tochter-Schicksals.

So spricht sie als Tochter, aus der bis heute nicht überwundenen Kränkung, nicht erkannt worden zu sein:

„Nachts gehn durch mein zimmer
die schritte meiner mutter

unaufhaltsam geht sie fegt mir den schreibtisch leer
deckt mich auf macht mich häßlich
lockt mich in die verzagtheit
ich zähl nicht vor ihresgleichen
...
ihre schritte die gefürchteten machen mich grau
da komme ich um vor vergeblichkeit
nie wird sie mich sehn und erkennen sich an mir freun
herzte sie mich doch einmal die alte armselige frau
der ich so trauernd um mich entkam
noch immer baut sie sich auf im dunklen zimmer
sagt nichts"

Und so spricht sie als Mutter, die gerade das nicht weitergeben will, was sie an Ablehnung und Fremdheit hat erfahren müssen:

„Du mußt denken, Tochter, wenn ich sterbe
nicht nur weinen, Liebe, wein mir nicht zu sehr
von mir bleibt, was ich an dich vererbe
sieh dich um – ich lebe um dich her

Als du klein warst, hast du leicht gefroren
da schon wärmten wir einander ganz und gar
du hast mich, ich habe dich geboren
und ich weiß nicht, wer ich vorher war
...
Daß es dich gibt, Tochter, meine Schöne
mir zwar ähnlich, doch von eigner Art
leb, daß ich mich mit dem Gehn versöhne
wenn du lebst, bleibt mir der Tod erspart"

Daß ihr die Tochter wie eine späte Wiedergutmachung des eigenen Tochter-Schicksals erscheint, faßt sie in den phantastischen Wunsch: „Liebe, ich wär eigentlich gerne dein Kind". Was ihr die Mutter vorenthielt, findet sie dann im Enkelkind, der Tochter ihrer Tochter, am reinsten; zugleich ist das Kind der Spiegel für die eigenen Verluste:

„Die Tochter meiner Tochter
Zarteste unter den Frauen
steht still im Wald und hört auf das Rauschen der Bäume
und da auf einmal hör ich es auch
...
ihre Hand in der meinen, trau ich mich
tiefer in den Wald, dem Wunder der Pilze zu
der bestürzenden Stille und den Beeren
...
Dreijährig erst, nimmt sie die Vielfalt der Blätter
den flüchtenden Hasen, die wenigen Beeren und die
vielen Pilze
als Neuigkeit
aber nicht so wie ich
seit ich mir Zeit nehm für Laura Marie
bemerk ich, was alles mir unterwegs abhanden
gekommen ist –"

Die englische Schriftstellerin *Doris Lessing* schrieb ihr Buch *„Das Leben meiner Mutter"*, um ihr im Rückblick das Verständnis entgegenzubringen, das sie ihr früher verweigert hat – und zugleich, um zu verhindern, daß sie selbst in den gleichen Mechanismus hineingeraten könnte, der das Leben ihrer Mutter zerstörte.

Klar und scharf sieht sie ein Dilemma auf sich zukommen und spricht es hart aus:

„Aber wir wußten – alle – mit ‚alle' meinte ich unsere Männer und auch die Frauen –, was das eigentliche Problem war und wie man es hätte lösen müssen. Diese zermürbenden und gefühlszudringlichen Mütter waren zu ihrer Zeit und auf ihre Art selbst ungewöhnlich gewesen, hatten die Suffragetten unterstützt, um eine Karriere gekämpft. Doch auch sie waren besiegt worden. So einfach war das! ‚Nach erfolgter Revolution' (eine Wendung, die aus irgendeinem Grund zunehmend ironisch gebraucht wurde) gäbe es die richtigen Kinderkrippen und Kindergärten und eine richtige Gesetzgebung, und dieses Phänomen von Frauen mittleren Alters, die aufs tote Gleis gestellt waren und nichts anderes zu tun hatten, als durch ihre Kinder zu leben, existierte dann nicht mehr.

Unterdessen hatten wir – die jungen Frauen – Angst. Was konnte uns davor retten, genauso wie unsere Mütter zu werden? Offensichtlich reichte bloße Willensstärke nicht aus. Heute beunruhigt mich, daß ich in meinen Überlegungen nicht viel weiter bin als damals. Einerseits war da diese arme Frau, die – schuldlos und infolge einer Unglückskette, die mit dem Tod ihrer Mutter, als sie drei war, begann – Liebe, Unterstützung und Wertschätzung verdiente. Andererseits jedoch mußte sie jede Minute bekriegt werden, da sie mich sonst verschlungen hätte. Die Gedanken drehten sich unermüdlich im Kreise."

Obwohl doch die äußeren Voraussetzungen durch das entschlossene Nein-Sagen dieser Tochter ganz andere sind als die, unter denen ihre Mutter leben mußte, fürchtet auch diese intellektuell so sichere Frau, von der Kette eingeholt zu werden.

Die Lyrikerin, deren Stimme wir zuvor hörten, war in dieser Hinsicht ganz arg- und angstlos: Sie glaubte, wenn sie unzweideutig, ganz entschieden liebevoll für ihre Tochter fühle, dann könne diese nichts anderes als vertraute, ungetrübte Nähe zur Mutter empfinden.

Doris Lessing geht einen Schritt weiter: Sie vermag sich vorzustellen, daß das bloße Älter-Werden, die Übernahme der anderen Rolle – von der Tochter- zur Mutter-Rolle – Sachverhalte schaffe, die sich der Einflußnahme entzögen.

„Ein Photo meiner Mutter zeigt sie als fülliges Schulmädchen mit rundem Gesicht und einer Zuversicht, die ich nicht anders als viktorianisch nennen kann. Ihr Haar ist mit einer schwarzen Schleife nach hinten gebunden. Sie hat ihre Schuluniform an, eine weiße, weite Bluse und einen langen dunklen Rock. Auf einem fünfundvierzig Jahre später aufgenommenen Photo erscheint sie als ein hageres, ernstes altes Geschöpf, das tapfer aus seiner Welt von Enttäuschung und Mißerfolg blickt. ... Vom Unterschied der beiden Aufnahmen muß dieser Erinnerungsbericht handeln. Anscheinend habe ich ein Leben dazu gebraucht, meine Eltern zu verstehen, von einer Verwunderung in die andere stolpernd. Es gibt einen geheimnisvollen Vorgang, der erschreckend ist, da sich daran überhaupt nichts ändern läßt: er führt dich aus grimmiger Jugendzeit – als stünden sich die Eltern und du schwerbewaffnet auf einem Schlachtfeld gegenüber – dorthin, wo du im Geist jederzeit den Platz einnehmen kannst, auf dem sie selbst einstmals standen."

Das Zusammenleben ihrer Eltern erscheint ihr wie ein ewig währender Alptraum wechselseitiger Behinderungen statt Förderungen, gegen den sie sich wehrt durch das Ablehnen eines Familienlebens, zur großen Enttäuschung der Mutter:

„Ich wußte, daß, wenn ich die Ehe aufgäbe, ich irgendeine dunkle, verhängnisvolle Linie durchbräche, die unsichtbar, doch unüberwindlich, meinen Vater, einst gesund, stark und schön, zu einem zänkischen, am Krieg zerbrochenen Mann gemacht hatte, der mit sechzig auf den Tod wartete; die meine Mutter aus einer starken, klugen und tüchtigen Frau in eine kränkelnde, neurotische und unglückliche Person verwandelt hatte. Indem ich die Ehe hinter mir ließe, würde ich meine Kinder davor bewahren, diesem Weg zu folgen." Denn es scheint der Autorin als Tochter, die Mutter geworden ist, „als trüge ich eine Art Gen, nicht physisch, sondern psychisch; oder als wäre ich Träger einer Krankheit, die Jahrzehnte brauchte, bis sie sich zeigt".

Was die Tochter zu diesen Befürchtungen treibt, ist die Tatsache, die sie erst beim Vergegenwärtigen des Lebens ihrer Mutter in ihrer vollen Ungeheuerlichkeit sieht:

Wie begabt, eigenständig, willensstark und voller Widerspruchsgeist gegen ihre Familie die Mutter damals als Tochter war. Auch sie war einmal, wie die Tochter in ihrer Jugend, ein rebellisches Mädchen, das genau wußte, was es wollte, und das auch durchsetzte, allerdings in den Grenzen, die ihr dadurch gezogen waren, daß sie ein Mädchen war. Von ihrer Enttäuschung bei der Geburt ihrer Tochter haben wir schon gehört.

Und an dieser Stelle schlägt das einfühlende Verständnis der Autorin, ihre Furcht vor Wiederholung, um in die unverhohlene Ablehnung, noch heute, mitten im Prozeß der einfühlenden Vergegenwärtigung des „furchtbaren Lebens" ihrer „armen Mutter" als Folge der Krankheiten und exzentrischen Versponnenheiten ihres Mannes. Vorstellen kann sie sich die Mutter als junges Mädchen – aber erfahren hat sie die Mutter als Mutter, die die Tochter nicht aus der Kette entlassen wollte:

Als sich die Lebensumstände der Familie durch fehlgeschlagene Spekulationen des Vaters in Rhodesien für die Mutter als katastrophale Niederschlagung aller ihrer Wünsche erwiesen – während die Tochter das Land liebte, dem sie ihre ersten Bücher widmete –, entwickelte sie sich zu einer Frau, die mit dem Mädchen von früher kaum noch etwas gemeinsam zu haben schien:

„Und zum andern war sie von mir besessen: mein Bruder war in der Schule, aus dem Weg, in Sicherheit. Alles, was ich war und was ich tat, schockierte sie. Sie wollte, daß ich ein kleines Mädchen bliebe in einem Land, wo Mädchen früh erwachsen wurden. Und weil sie deswegen darauf bestand, daß ich Kinderkleidung trüge, widersetzte ich mich ihr und verdiente mir beim Metzger am Ort Geld, indem ich Perlhühner und Tauben schoß, um mir Stoff zu kaufen und meine eigenen Kleider zu nähen. Kleider für Erwachsene, die sie haßte ... Was sie jedoch wirklich vor Enttäuschung krank machte, war, daß sie ihre gesamte Energie und all ihre Begabung auf ihre Tochter übertragen mußte, die für sie das Leben führen würde, das man ihr vorenthalten hatte. Aber das Mädchen glich einer Mauer mürrisch-wütender Zurückweisung, war normalerweise stumm, um dann in Heftigkeit und Spott auszubrechen.

‚Warum haßt du mich so sehr?' weinte sie, während ich mich bei meinem Vater beklagte: ‚Warum haßt sie mich? Sie hat mich immer gehaßt.'"

Daß dies offen herausbrechen konnte aus beiden, ist zwar für den familiären Frieden vernichtend gewesen. Aber diese Tochter ist nicht gelähmt und gefesselt worden von Geboten schicklicher Verstellung, sie brauchte keine lange Lehrzeit, um die verschüttete Kreativität wiederzufinden aus dem gelernten Schweigen.

Wäre es der Mutter gelungen, sich an ihre eigene rebellische Mädchenzeit zu erinnern und an sie anzuknüpfen im Umgang mit der Tochter, hätte sie sich von der Tochter zurückziehen können. Aber wie von weit her kam die „Verkettung" ins Spiel und ließ sie zurückfallen in eine Unfreiheit, mit der sie die Tochter vertrieb. Diese überlebte, die Mutter nicht. Nach dem Tod ihres Mannes und dem entschlossenen Abschied der Tochter fand sie keinen

Raum mehr für sich. Ein „Zimmer für sich allein" hatte sie nie gekannt.

Zwei Menschen, die miteinander nicht befreundet sein können – was wäre daran so ungewöhnlich? Was daran muß immer wieder Klage auslösen oder auch nur Erstaunen?

Weil gleichzeitig äußerlich eine Nähe bis zur Intimität geherrscht hatte. Das stiftet wohl die größten unter den großen Erwartungen von Müttern und Töchtern, und diese Erwartung lastet mehr als die anderen auf diesem Verhältnis.

In *Barbara Bronnens* Roman *„Die Tochter"* erfährt sich Katharina, Anfang Vierzig, zu ihrer eigenen Erbitterung immer noch als Tochter. Dabei ist sie so vieles andere auch:

Schwester, Freundin, Geliebte, Berufstätige, Mutter eines Sohnes.

Ihre Mutter Ada hat ihr gerade, begleitet von einem Geldgeschenk wie immer, einen ungewöhnlichen Brief geschrieben. In ihm versucht sie, ihrerseits Verstrickungen dadurch zu lösen, daß sie sie erst einmal klar ins Auge faßt und ohne die gewohnten Beschönigungen aufdeckt.

„Katharina öffnete, was sie die ganze Zeit über aufgeschoben hatte, den traurig anklagenden Brief, den Ada ihrem Reisegeschenk beigelegt hatte. Es gab ihr einen Stich, als sie die getrockneten Blumen und den Fünfzigmarkschein sah, als sie las, was der Mutter an ihr auffiel: ihre Abwehr, ihr Rückzug, ihr Argwohn, ihre Kraft der Verstellung, ihre Verletzlichkeit, spürbar bei jeder Kleinigkeit. Katharina zerkaute die Nagelhaut. *Ich weiß ja, ja, ich weiß:* ‚Zeit des Lebens habe ich mich mit dem Ernst des Lebens herumschlagen müssen.' – *Ich weiß ja, dass du mich liebst:* ‚Für Eure Zukunft, und es ist ja etwas aus Dir geworden, unter

Verzicht auf mein eigenes Leben, immer habe ich für Euch gearbeitet, hätte mir sehr wohl einen Mann nehmen können, statt dessen: Es ging mir immer um Euer Glück, gespart habe ich und mich eingeschränkt.' – *Verdammt!* Ada hatte geweint, Katharina sah es an der gekrausten Tinte, und sie weinte nun auch voll Zorn und Verzweiflung. ‚Und immer habt Ihr meine Freundschaft abgelehnt, sooft ich sie anbot, weißt Du noch, daß ich Euch anlernte, wie eine Frau sich schminkt, Freundin wollte ich sein und habe alles toleriert, auch Deine Männergeschichten, nur versucht, soweit es ging, schlechte Einflüsse und Enttäuschungen von Dir fernzuhalten, und ich glaube nicht, daß ich als Vorbild so schlecht war, eine richtige Frau aus Dir zu machen.'

Katharina fühlte, wie sich ihr das Schicksal ihrer Mutter aufdrückte, daß es schmerzte, und sah auf Jonas, froh, daß er ein Sohn war und den Schlußpunkt unter einen Clan von Frauen setzte. Wie wenig konnte Katharina in Gedanken Ada in Schutz nehmen, wenn sie dies alles las, und doch, es war immer so entsetzlich gut gemeint gewesen, diese ganze Fürsorge, dieses Sich-nichts-Leisten, dieser Opferaltar, dessen Flämmchen tagtäglich aufs neue genährt werden mußten, dieser aufdringliche Versuch, sie glauben zu machen, daß sie sie in Freiheit liebte – Katharina, die von klein auf die Entdeckung gemacht hatte, daß sie immer dann, wenn sie sich darauf berief, eins auf die Finger bekommen hatte, konnte ihr das nicht mehr abnehmen. Oh, diese Unbarmherzigkeit, mit der Ada auf Liebe aus war – wie hätte da jemals mehr Dankbarkeit Abhilfe schaffen können?

Katharina sah das Bild ihrer Mutter vor sich, die selten lächelte. Eine seltsame Schranke hatte Katharina immer davon abgehalten zu fragen: Warum lächelst du nie, was hast du nur gegen meine, unsere Späße, warum hatte ich so oft Mitleid mit dir, weil unsere Scherze dich ausschlossen?

Du hättest es gern, wenn ich ein ausgefülltes zufriedenes Alter hätte, das würde dich erleichtern. Ada hatte recht, und sie kreidete sich diese Selbstsucht an, wenn es Selbstsucht war, und fand sie im gleichen Augenblick legitim. Doch ihre Versuche, die Mutter mit Geschenken zur Zufriedenheit zu bestechen, waren heillos gescheitert.

Beim Rattergeräusch einer eigentümlichen Zikadengattung, das wie das Schnarren eines Teufelchens aus der Dose klang und sich in Katharinas Ohr breitmachte, fiel ihr ein, wie sehr sich Ada gegen jene Fotobox gewehrt hatte, mit der sie sich, so Katharinas klares Programm, in Sekundenschnelle selbst die hoch gehandelten Aufnahmen von Jonas anfertigen sollte. Zwei Jahre lang lag nun das Teufelskästchen neuwertig herum, und Ada forderte hartnäckig eine Unterweisung in dessen Gebrauch durch den Schwiegersohn, der wiederum von Susanna gar nicht erst gefragt wurde, nicht nur aus Rücksicht auf seine ständige Zeitnot und weil sie wußten, daß Ada daraus einen Nachmittag mit Kaffee und Kuchen und Kind gestalten würde, sondern auch deshalb, weil Katharina und Susanna sich pädagogisch einig waren: Lernen sollte Ada, mit einer solchen technischen Bagatelle, der eine wahrhaft idiotensichere Gebrauchsanweisung beilag, zurechtzukommen. Und je fixer die Schwestern ihre Idee formten, desto trotziger entzog sich jene dieser Verfügung, wie sie zu leben hätte: als emanzipierte, keinesfalls einsame Großmutter mit Hobby.

Katharina wehrte sich gegen den Gedanken, daß das Geschenk Adas eine Zumutung war, und starrte auf den Brief. *‚Ich erinnere mich nicht, daß Du Dich jemals wirklich für mich interessiert hast. Was weißt Du denn schon von mir? Von meinem Leben?* Meiner Kindheit, die so anders war als Eure, ohne Spiele, ohne Freunde. Was weißt Du, wie Eure ersten Weihnachtsfeste verliefen: Ihr saßt auf Bunkerbänken, in Wolldecken gehüllt – und Eure ersten ‚Christbäume': Magnesiumbomben, die das Kainszeichen über die zu vernichtenden Stadtviertel setzten? Was weißt Du, welche Ehestreite damals möglich waren wegen einer Kaffeebohne?'

Katharina lebte in anderen Zeiten und empfand sich als verarmt, als sie diese Zeilen las: Unvorstellbar war die Gestalt einer Ada, die in jenen Zeiten Fähigkeiten entwickelt hatte zu leben, unvereinbar mit jener vom leisesten Lufthauch verletzbaren Ada, die nicht einmal mehr auf den Auslöser einer Kamera drücken konnte.

‚Vor allem wollte ich immer nur eins: Euch eine gute Mutter sein und Euch glücklich machen.' Katharina grübelte über dem Satz und fand ihre Mutter ein mißverständliches Wesen, deren aufopfernde Lebensgebärde ihr rätselhaft war, übertrieben wie die Gliedmaßen gewisser Fossilien, und sie verstand nicht, warum sie, Katharina, die sich so gern und viel hineindachte und hineinredete in Menschen, sich nie in ihre Mutter hineingedacht hatte und nie ein Verlangen gehabt hatte, ihre Sehnsüchte kennenzulernen. Es gab eine innere Stimme in ihr, die ihr immer kurz davor ‚Halt' geboten hatte, als hätte sie Angst, dabei zu sehr in sich selbst hineinzuhorchen, doch dieses ‚Halt!' wiederum hatte sie gestört. Es war eine seltsame Kraft in ihrer Mutter, die sie in ziellose Fluchtbewegungen versetzte. Wahrscheinlich war da etwas, das sie nicht vertragen konnte, es ließ sich nicht einmal fühlen, eine geheimnisvolle Scheu, ein seltsamer Trotz, eine tiefsitzende Auflehnung gegen die Summe aller Dinge, die Ada für sie verkörperte.

Und Katharina, die es nicht ertrug, wenn jemand merkte, wie es um sie stand, summte vor sich hin und legte den Brief ad acta und fühlte doch, während sie Jonas und Franz das Essen bereitete, daß da, irgendwann, jetzt nicht, bloß nicht jetzt, ein Versprechen einzulösen war. Sie erinnerte sich mit einemmal, daß ihre Mutter, es war wohl schon an die zwanzig Jahre her, gesagt hatte: Er, dein Vater, hat über mich nur wenige Zeilen verloren. Du kannst es schreiben ...

Sie hatte nichts dazu gesagt, vielmehr einen tiefen Widerstand gegen ein solches Ansinnen empfunden. Und jetzt wußte sie, warum: Sie hatte Angst vor ihrer Unnachsichtigkeit, ihrer Kälte, ihrer Unwissenheit, ihren zwiespältigen Gefühlen der Mutter gegenüber. Katharina hatte das Gefühl, überhaupt nichts mehr zu wissen, nicht, wie sie zu sich, zu ihrer Mutter gekommen war, und ihr war mit einemmal klar, daß es ihrer Mutter ähnlich ging mit sich, mit ihr, mit ihrer Mutter. Aber sie, Katharina, sie hätte es in der Hand, etwas zu klären, vielleicht zu ändern, wenn sie sich einlassen wollte auf ihre Mutter, mit der sie nun seit vierzig Jahren zu tun hatte, ohne sie zu kennen.

Es war doch alles recht seltsam: Da war eine Frau von siebzig Jahren, und da war eine von neunzig Jahren, und es waren ihre Mutter und ihre Großmutter, und sie wußte nichts, hatte diese Mütter adoptiert, ohne zu wissen, woher sie kamen, kannte kaum ihren Charakter, ihre Erlebnisse, ihre Verdienste und Unglücke, wußte nicht, warum sie sich gerade jene Männer genommen hatten, die ihr Vater und ihr Großvater waren. Katharina, die mit sechs Jahren das Wort ‚Tod' eingeübt hatte, die es sich jeden Morgen beim Aufstehen und jeden Abend beim Zubettgehen vorgesagt hatte, um sich an das Unvorstellbare zu gewöhnen wie an das Wort ‚Unendlichkeit' und später, mit siebzehn, an das Wort ‚Nichts', was alles den gleichen Schwindel in ihr auslöste, mußte ein neues Wort lernen, das hieß ‚Mutter'. Plötzlich erschien ihr das unaufschiebbar, und ihr kam es vor, als wäre sie nur ihr Schein-Ich, das da vierzigjährig herumwandelte, dessen Zufälligkeiten vielleicht ein bißchen weniger zufällig sein würden, wenn sie wußte, was sie war. Beunruhigt und verfolgt von der Angst, dies nie und nimmer zu erfahren, machte Katharina das Essen und vergrub alles in einem künstlich schweren Schlummer, in den sie wie in einen feuchtwarmen Orchideengarten versank."

Hier macht sich eine Frau an die Arbeit, den Menschen erst einmal zu entdecken, den sie für bekannt hielt, da er ja ihre Mutter war. Aber hinter der fraglos scheinenden Nähe hatten sich versteckte Vorwürfe und nie eingestandene Fremdheit eingenistet. Sie ist davon überzeugt: Solange sie die Frau nicht kennengelernt hat, die ihre Mutter gewesen ist, solange wird sie sich selbst auch nicht erkannt haben.

Waltraud Mitgutsch stellt in ihrem Buch *„Die Züchtigung"* das Aufwachsen von mehreren Generationen von Frauen dar – auf eine so schwer lastende Weise, daß das Bild von der Verkettung, der Kette, auf einmal zu einer dinglich anwesenden Realität zu werden scheint. Es ist ein allzu enger Raum, in dem das alles abläuft. Wie es in der alten Schulbuch-Ballade heißt, aus der die Autorin zitiert diese eine Zeile: „Großmutter, Mutter und Kind in dunkler Stube beisammen sind ..."

Schon die Großmutter hatte nichts anderes kennengelernt als eine Welt voller Arbeit, voller „Zusammennehmen", voller Härte, eine Welt ständiger Überforderung. Für Zärtlichkeit hatte niemand Zeit, auch keine weiche Hand. Auf einem Bauernhof hört die Arbeit niemals auf, zumal, wenn der Bauer am liebsten fremde Arbeitskräfte einspart und alles der eigenen Familie überträgt. Schläge gehören zur Erziehung, wie in den alten Zeiten, in denen man glaubte: Wer sein Kind liebt, der züchtigt es. Aber das Schlagen hat das Unheimliche an sich, daß es sich so leicht verselbständigt, aus einem Instrument so leicht zum Selbstzweck – ja, zu einer Lust wird. Der Anlaß ist oft so nichtig, daß er wie ein Vorwand erscheint: ein Fleck im Kleid, ein Zu-spät-Kommen, eine etwas schlechtere Schulnote. Der äußere Anlaß kann nicht der wahre Grund sein. Woher kommt sie, diese Lust zu schlagen, wen man liebt? Denn auch hier ist Mama die liebende Mutter. Das Wort Liebe scheint dem Außenstehenden nur noch eine Gefühlskonvention zu bezeichnen; sie haben ja keine Wahl, sie müssen ja miteinander fertigwerden, die Glieder der Kette.

Die Erklärungsversuche für das Schlagen, das Züchtigen, tappen im Dunklen. Der Vater versucht, rückblickend, das Schlagen zu entmythisieren, herunterzuspielen; die Freundin versucht es mit dem Hinweis auf die soziale Lage verständlich zu machen; der Freund spricht der Mutter das Recht zu schlagen ab trotz aller sozialpsychologischen Herleitungen – und die Tochter muß die Mutter mit den Theorien vom unvermeidlichen Weiterreichen des Selbst-Erlittenen schützen: „Mit ihrer Ehrenrettung steht und fällt mein Selbstwert." Wir können das Argument beisteuern, daß die Mutter einen Sohn nicht so behandelt hätte – sie, die zeit ihres Lebens Weiblichkeit nur als Abhängigkeit erlebt hatte. Wir können mit den Tiefenpsychologen von der archetypischen „Todesmutter" sprechen, die in den Märchen die böse, vernichtende Stiefmutter abgibt. Aber sind das alles nicht nur Namen? Sind das Erklärungen?

Waltraud Mitgutsch versucht, im Erzählen und Beschreiben zu entmächtigen, was die Frauen dieser Familie erlitten und weitergereicht haben, was ihnen angetan wurde und was sie antun: das Aufdecken einer Macht als der Versuch einer Bewältigung.

„War deine Mutter so wie du, fragt meine zwölfjährige Tochter, während sie sich an die Badezimmertür lehnt und mich beim Kämmen betrachtet. Die Frage überfällt mich aus vielen Jahren Schweigen heraus. Ich lasse mein gescheiteltes Haar über die Augen fallen. Nein, sage ich, nein, deine Großmutter war ganz anders. Wie anders? Stell dir das Gegenteil vor. Sie zögert, sieht mich fragend an. Wie soll sie sich das Gegenteil vorstellen, wenn ich ihr ein Rätsel bin. Ein Rätsel und eine Selbstverständlichkeit. Wie meine Mutter für mich, bis heute."

„Wie war das damals, als du jung warst, fragte ich meine Mutter. Vielleicht würde sie mich verstehen, alle Fragen erraten, wenn sie sich nur erinnern wollte, an die Sehnsucht und die Einsamkeit und die verschwiegenen Liebesqualen. Als ich jung war, war Krieg, und als der Krieg aus war, war die Jugend schon vorbei, und im übrigen gab es Schläge und Arbeit, wer redet da von Jugend, ich hab nichts zu lachen gehabt. Warst du denn nie glücklich, warst du denn nie verliebt? Verliebt, in den? Nein, geliebt habe ich ihn und treu war ich ihm, aber du siehst ja, wie er mir es gedankt hat. Die Lücken wollte ich füllen, die sie menschlicher machen sollten, einen jungen Körper wollte ich mir vorstellen, der sich nach Liebe sehnt. Das gab's damals nicht, sagte sie streng, unser Vater hätte uns erschlagen, und überhaupt, wie konnte ich an so was nur denken, nein, ihr Körper war gegen meine Phantasie mit Jungfräulichkeit gepanzert, nein, meine Mutter, denke ich, war niemals jung."

„In einer fremden Stadt erhasche ich zufällig mein Spiegelbild in einem Schaufenster, und da ist sie, die Haare unter dem viereckigen Tuch, die Arme an den Körper gepreßt, mit ihrer eigentümlich zögernden, schwermütigen Kopfbewegung und den erschrockenen Augen. Meine Mutter ist meine Doppelgängerin, die zufällig vor mir da war. Ich brauche nur über die Schulter zu sehen, um mich zu überzeugen, daß sie jede meiner Gesten nachvollzogen hat, nur sind ihre Gesten bedeutungsvoller, majestätischer, geheimnisvoller, wie der Schatten einer javanesischen Tänzerin hinter dem Reispapier."

„Und das ist die Leidensgeschichte ihrer Jugend, die ich so oft gehört habe, auf dem Sofa nach dem Mittagessen, zur besseren Verdauung, daß mir seither nach jeder Mahlzeit speiübel ist. Diese Geschichten sollten mich für sie gewinnen, sie sollten mich lehren, sie zu lieben, weil sie von niemandem geliebt worden war, und weil sich nie jemand die Mühe genommen hatte, sie zu verstehen oder ihr überhaupt zuzuhören. Wer sollte sie denn verstehen, wenn nicht die Tochter, die ihr und ihren Geschichten ausgeliefert war, wehrlos, eine fortgesetzte Vergewaltigung, die auf sie niederging wie die körperlichen Züchtigungen, täglich, in den Alltag gemengt, die sie lehren sollten, den Menschen zu mißtrauen, die Menschen zu hassen, alle, bis auf die einzige, die den Schmerz zufügte, die ihn weiterreichen mußte, damit der Haß fortlebe ... Ich war empört über ihren Vater, der sie geschlagen hatte. Es wäre mir nie in den Sinn gekommen, eine Verbindung herzustellen zwischen seinen Leibgurten und ihrem Teppichklopfer, zwischen den brutalen, ungerechten Schlägen, die sie ertragen hatte, und den gerechten Züchtigungen, die sie mir erteilen mußte, auf daß ein ordentlicher Mensch aus mir werde."

„Flascherl wärmen, den Franzl trockenlegen, auskehren, Geschirrwaschen, das Mittagessen steht im Ofenrohr. Knappe Arbeitsanweisungen, bevor die Mutter wieder aufs Feld ging. Der Leiterwagen stand schon vor der Haustür, hü, schnalzte der Bauer, und die Ochsen zogen an, die Bäuerin sprang auf den fahrenden Wagen. Sie würde vor Abend nicht mehr in die Stube kommen. Die sechsjährige Marie warf den Ranzen auf die Bank, die rund um den Tisch fast von einer Wand zur anderen lief, und öffnete das Ofenrohr. Fettes Bauchfleisch und Mehlknödel schwammen im Fett, Rüben und Erdäpfel standen in zwei Häfen auf der Herdplatte, alles schon kalt. Der Säugling im Gitterbett plärrte, sie tauchte den Fetzen in die Zuckerlösung am Herd und steckte ihn dem schreienden Kind in den Mund. Im Schiff über dem Herd war das Wasser noch warm. Sie mußte auf einen Sessel steigen, um die Babyflasche hineinzustellen. Heini, der Stammhalter, saß mit verschmiertem Mund auf dem Boden, schob den Schemel vor sich her und rief hü, hott, hü, hott. Wo ist die Fanni, fragte Marie den Vierjährigen. Er antwortete nicht. Sie nahm den Besen, scheuchte den Bruder vom Boden, die Katze unter dem Tisch hervor, geht's weg, daß ich auskehren kann ...

Nach vier Wochen saß Marie wieder in der Schule, müde zum Umfallen, froh, endlich sitzen zu können und von niemandem angeschrien, von niemandem mit Schlägen bedroht zu werden, aber sie verstand nicht mehr, was an der Tafel vorn geschah, sie kam nicht mehr mit, und sie war zu müde, sich zu konzentrieren. Wenn sie gerufen wurde, stand sie auf, mußte zur Strafe für ihre Unwissenheit stehenbleiben, mit hochrotem Kopf, während alles um sie herum immer unwirklicher wurde. Die Aufgaben mußte sie heimlich machen, am Abend beim letzten Tageslicht auf einem Fensterbrett, nachdem sie ihre sechs Kühe gemolken und die Milchpitschen zur Abholstelle für das Molkereiauto geschleppt hatte. Der Vater durfte sie beim Aufgabenmachen nicht erwischen, sonst schlug er ihr das Heft um den Kopf. Zeitverschwendung, wer braucht eine studierte Bäuerin. Er rühmte sich, daß er in der zweiten Klasse sitzengeblieben war bis zur Schulentlassung. Er konnte gerade seinen Namen schreiben, aber beim Kuhhandel, beim Grundstücktausch und beim Kartenspielen legte ihn niemand herein.

Die Lieblosigkeit und die Demütigungen ihrer Kindheit

verwandelten sich in Einsamkeit und abgrundtiefe Selbstverachtung ihrer Jugend ...

Als die Mutter ihrer hübschen, ältesten Tochter neue Halbschuhe und ein blaues Taftkleid kaufte, schnitt Marie ihre schweren Schnürschuhe auf Knöchellänge ab. Sie saß auf dem Fensterbrett, einen abgeschnittenen Schuh am linken Fuß, den sie stolz über die Mauer baumeln ließ. Unter den bewundernden Augen der jüngeren Geschwister fuhrwerkte sie mit dem Brotmesser am zweiten Schuh herum. Da kam die Mutter herein, unbemerkt von der atemlosen Gruppe, sah Maries Bein, den Schuh mit dem unebenen, ausgezackten Rand und stieß einen Schrei aus, na wart', wann das der Vater erfährt. Sie fand ihn auch bald, verpetzte ihre Tochter, als sei sie ihre rivalisierende Schwester, und rieb sich die Hände an der Schürze, als er Marie an den dicken, roten Zöpfen vom Fenster herunterzerrte und mit Fäusten und Füßen so lange auf sie einschlug, bis ihr das Blut aus Nase und Mund rann. Dann ging er wieder zu seiner Arbeit. Wasch dir das Gesicht, wie du ausschaust, sagte die Mutter."

„Wir suchen nach altem Spielzeug, meine Tochter und ich. Wenn man am Ende der Hühnerleiter auf einen Stuhl steigt, kann man den Deckel zum Dachboden hochheben. Da rieselt einem der Staub aufs Haar, dreißig Jahre Moder, schwarz wie Ruß. Und dann kommen sie zum Vorschein, meine sieben Puppen, meine sieben Töchter, aber ich erkenne sie kaum mehr. Damit hast du gespielt? Natürlich ist sie enttäuscht, meine verwöhnte Tochter. Erst mit der achten, die ich nie wollte, weil sie zu spät kam, ist sie versöhnt, eine Gehpuppe mit Schlafaugen, die „Mama" sagt und Haare zum Frisieren hat. Meine anderen Kinder mit den ausgestopften Armen und den zerschlagenen Köpfen legt sie achtlos beiseite. Hat sie denn keine Phantasie, sieht sie nicht, wie gutmütig die Liesi ist, wie spöttisch und hochmütig die Greti, wie zierlich und sinnlich die Marlies? Arme Mama, sagt sie, hast du denn nie richtige Spielsachen gehabt? Wie hast du mit so was spielen können? Ich habe dich beim Spielen beobachtet, Kind, mit deinen richtigen Spielsachen aus teuren Spielwarengeschäften, du warst in derselben Welt, in der ich damals war, aber es war eine andere Welt, und darum glaubte ich, daß du aus der Verkettung würdest aussteigen können. Deshalb haben deine Puppen keine eingeschlagenen Köpfe und keine ausgerissenen Haare. Deshalb sagst du, gute Nacht Schneewittchen, schlaf gut, und deckst sie liebevoll zu und schickst die Zwerge weg, damit niemand ihren Schlaf stört. Meine Puppen haben nie geschlafen, meine Puppen waren alle Aschenbrödel, sie mußten arbeiten und folgsam sein und konnten doch nichts richtig machen, sie waren aufsässig und trotzig und mußten gezüchtigt werden, bis ihre Nasen eingeschlagen waren und ihre Haare in Büscheln in meinen Händen blieben. Was treibst du denn da, rief meine Mutter aus der Küche, du machst ja die Puppe kaputt. Aber sie war schlimm, sage ich selbstgerecht, ja diesmal habe ich die Gewalt und auch das Recht, denn in meiner Welt bin ich Herrin über Glück und Unglück, und in meiner Welt gibt es kein Glück. Was hat sie denn gemacht, fragt meine Mutter und versucht, sich in meine Welt einzuschleichen. Sie hat die Scheibe nicht gedreht, sage ich und fahre fort mit meiner Züchtigungsarbeit und schlage das Puppengesicht am Rand meines Puppenwagens schrundig. Warum sollte sie die Scheibe drehen? Weil ich es sage. Aber sie war bockig, sie hat die Scheibe nicht gedreht, und jetzt bekommt sie den Kopf eingeschlagen und wird für den Rest ihres Lebens mit diesen Narben herumlaufen, wird dreißig Jahre später aus der verstaubten Kiste geholt werden, und die Wunden sind noch immer nicht geheilt, nur wird niemand mehr wissen, woher sie kommen. Für alle wird sie häßlich sein, verunstaltet fürs Leben, nur für mich wird sie trotzdem schön sein, denn sie trägt ja meine Wunden.

Warum sind alle Puppen so angeschlagen, fragt meine altkluge Tochter. Weil meine Mutter mich geschlagen hat, weil ich angeschlagen bin, nein, das kann man kleinen Mädchen nicht sagen, warum Entsetzen und Unglauben in ihr Gesicht malen. Weil die Puppen alt sind und andere Sachen draufgeworfen wurden. Was denn zum Beispiel? Kantige Küchenherde, schlaflose Nächte, Schläge auf den Kopf und Schläge aufs Herz, Kinderwagen und Ehebetten, und das Puppengesicht, mein Gott, ist nicht wiederzuerkennen, die Stirn ist verbeult, die Wangen eingefallen, die Augen erloschen, der Mund nur mehr ein Strich. Das passiert fast allen Puppen mit der Zeit, das ist normal."

„Das eine vor allem wollte ich vom Anfang an, das Kind vor dieser Erbschaft der Selbstzerstörung bewahren. Den Zwang wollte ich fernhalten, die Angst vor der Strafe, die Demütigung, der Schwächere zu sein, und die Unfähigkeit, sich dagegen aufzulehnen.

... Ich erinnerte mich an meine eigene Kindheit und wußte, wie ich es nicht machen würde, aber nicht falsch ergibt noch nicht richtig."

... Meine Tochter „ist böse, weil sie keine Widerstände findet, keine verschlossenen Türen, die sie einrennen könnte. Und ich fühle mich ausgeschlossen, zurückgewiesen, ins Reich der Erwachsenen gestoßen, wo man nicht allein und zum Spaß tanzt, wo alles vernünftig ist und seine Ordnung hat, wo Mütter Hausfrauen sind und solide, dezente Farben tragen, wo der Vater nicht am Samstag auf Besuch kommt, sondern am Abend seine Füße auf den Tisch legt und das Essen serviert bekommt, wo man keine Liebhaber in später Nacht davonschleichen hört. Du hast eine richtige Kindheit gehabt, sagt meine Tochter, und meint damit das Haus, in dem ich siebzehn Jahre lang wohnte und zu dem ich ohne Zögern daheim sage, die Mutter, die immer auf mich wartete mit fertigen Mahlzeiten und frischgewaschener Wäsche, das geregelte Familienleben. Ja, sage ich zornig, sei froh, daß ich dich davor bewahrt habe. Aber sie träumt davon, von der heilen Familie in einer heilen Welt, und sie gibt mir die Schuld. Wie sollte sie verstehen, daß die heile Welt die Folterkammer ist, aus der ich mit dem Mut der Verdammten ausgebrochen bin, immer wieder auszubrechen bereit bin, um sie und mich zu retten? Mit welcher Sehnsucht sie meiner Kindheit nachtrauert, wie sie mich anklagt, du hast mir keine Geborgenheit gegeben, du hast mir keinen Halt gegeben, du hast mich immer nur mitgeschleift auf deine Eskapaden. Ja, sage ich, aber ich habe dich nie geschlagen, und ich habe dich immer vergöttert. Aber das ist für sie selbstverständlich."

Diesen Roman läßt die Autorin eher abbrechen als enden, in einer letzten Vision. Wie gejagt versucht eine Stimme, die sich „Tochter" nennt, den Bildern von Vertauschung und Grenzzerstörung, von leidenschaftlicher Auslieferung zu folgen, die die besessene Ausschließlichkeit beschwört, der die Autorin den Namen „Mutter" gibt.

„Ich habe sie sechzehn Jahre lang immer von neuem begraben, sie ist immer wieder aufgestanden und ist mir nachgekommen. Sie hat mich schon lange eingeholt. Sie sieht mich mit den Augen meines Kindes an, sie betrachtet mich aus dem Spiegel, wenn ich mich unbeobachtet fühle, sie kommt mir in meinen Liebhabern entgegen, und ich jage sie mit ihren Argumenten fort. Dann straft sie mich mit Einsamkeit, und ich suche ihre Liebe wiederzugewinnen durch Leistung, Glanzleistung, Spitzenleistung. Nie gefalle ich ihr. Ich heiratete sie und ließ mich von ihr scheiden, da verwandelte sie sich und lauerte mir erneut auf. Ihre Umarmung, die sie so zögernd gewährt und nur gegen mustergültiges Betragen, wird immer zur Umklammerung, in der ich ersticke. Ich stoße sie weg und fühle mich weggestoßen. Ich bin sie und sage, du bist nichts wert, und versinke in Trauer um meinen Verlust, um meinen Ich-Verlust, um meinen Du-Verlust, um den Verlust der ganzen Liebe, die es auf der Welt gibt. Denn es gibt ja nur sie und mich. Alles, was draußen ist, ist sie, die Nacht und die Sonne, der Schlaf und der Regen, die Liebe und der Haß und alle Menschen, die mein Leben kreuzen und trüben, und vor allem ich. Sie hat sich in mich verwandelt, sie hat mich geschaffen und ist in mich hineingeschlüpft, als ich gestorben bin vor sechzehn Jahren, als sie mich totgeschlagen hat vor dreißig Jahren, hat sie meinen Körper genommen, hat sie meine Gedanken an sich gerissen, hat sie meine Gefühle usurpiert.

Sie herrscht, und ich diene, und wenn ich meinen ganzen Mut ansammle und Widerstand leiste, gewinnt sie immer, im Namen des Gehorsams, der Vernunft und der Angst."

Die gefährliche Macht und Herrlichkeit:

„Mama bedeutete Geborgenheit und Ausgesetztsein, sie konnte mich vor fast allem beschützen, außer vor sich selbst."

In einer anderen Familienkonstellation wird die Kette zwar ebenfalls als unheimlich spürbar – aber doch als überwindbar dargestellt, wodurch sie im Rückblick viel von ihrer Unheimlichkeit verliert. Wieder geht es um die Situation der Frau in der Mitte: Auf der einen Seite ist sie anteilnehmend und anteilgebend aufs engste bezogen auf ihre im Alter hinfällig gewordene Mutter, und auf der anderen Seite versucht sie, ihre eigene Tochter bewußt „ganz anders" aufwachsen zu lassen. Angela heißt die Frau in der Mitte in dem Roman von *Margaret Forster,* der im englischen Original „Mother, can you hear me?" (Mutter, hörst du mich?) heißt (auf deutsch leider reißerisch und irreführend: *„Es sind die Töchter, die gefressen werden"*).

Auch für Angela gilt, was schon an anderen Frauen unserer Texte auffiel: Obwohl sie Mutter von vier Kindern ist, einen verständnisvollen, hilfsbereiten Mann hat, einen zu bewältigenden Teilzeit-Beruf als Lehrerin, obwohl sie als tüchtiger, eher zuversichtlicher und genußfähiger Mensch erscheint, lastet es auf ihr und überschattet als das eine, große Lebensproblem alle ihre anderen Erfahrungen mit sich selbst: ihr eigenes Ungenügen, das sie in ihrer Beziehung zu ihrer Mutter, in ihrem Tochter-Sein, immer wieder aufs neue erfährt und erlebt – und das sie in der Beziehung zu ihrer Ältesten, ihrer Tochter Sadie, mit umgekehrtem Vorzeichen wiederzufinden meint.

„Aber Angela konnte nicht schlafen. Sie schloß die Augen und lehnte den Kopf zurück und saß ganz bequem, doch in ihrem Hirn wimmelte es von aufsässigen Gedanken. Es war eine Falle. Sie hätte es wissen müssen – sie *hatte* es gewußt: Eine Mutter zu haben, eine Mutter zu sein, das war eine Anwartschaft auf die Ewigkeit, das Gelöbnis, etwas Unmögliches zu sein. Sie hatte sich so bemüht, die Fessel zu sprengen, aber die war zu stark. Sie wußte nicht, was schlimmer war – die unerträgliche Qual des Unvermögens, die Tochter zu sein, die Mutter brauchte und wollte und auf die sie ein Anrecht hatte, oder das Elend des Unvermögens, die Mutter zu sein, die ihre Tochter brauchte und auf die sie ein ebensolches Anrecht hatte. Niemand war mit ihr zufrieden. Sie konnte Mutter nicht mehr in die Arme nehmen und küssen und mit ihr ein Herz und eine Seele sein. Sie konnte Sadie nicht mehr an sich drücken, Sadie, die sich immer mehr von ihr zurückzog und sich doch wegen jeder

Kleinigkeit an sie wandte. Auf beiden Seiten flitzten Autos mit blendenden Scheinwerfern vorüber, das Motorengeräusch vibrierte in ihrem Körper, und vor ihr erstreckte sich schwarz und tödlich die endlose Straße."

Angela bietet das tragikomische, rührende Schauspiel der Frau, die mit vierzig Jahren wie ein eifriges kleines Mädchen unermüdlich es allen recht machen will – vor allen andern aber der Mutter.

„Und nun hatte ihre Mutter am ersten März Geburtstag, und das war für Angela eine zusätzliche ungeheure Belastung. Bei allem, was sie tat, als sie sich abmühte, ihr Dasein wieder ins Lot zu bringen, dachte sie nur daran, was sie für Mutter kaufen könnte. Es war eine nahezu unlösbare Aufgabe, etwas Passendes zu finden, weil sie der Mutter längst alle erdenklichen Wünsche erfüllt hatte. Mutter hatte ausdrücklich darum gebeten, ihr dieses Jahr nichts zu schicken – sie lebe nicht mehr lange, und es sei nicht der Mühe wert. So ging das schon seit zehn Jahren, und sie erreichte damit nur, daß sie alle, die es anging, in eine wirkliche Hektik trieb. Mutters Geburtstag war immer der wichtigste Tag des Jahres gewesen – warum, hatte Angela nie ergründen können; es war eben so, der Tag war für die Angehörigen wichtiger als Weihnachten oder die eigenen Geburtstage. Wochen im voraus sparten sämtliche Kinder ihre Pfennige, und dann klapperten sie alle dieselben Geschäfte ab, wobei sie aufeinander trafen, und suchten nach dem richtigen Geschenk für die Mutter, nach einem Gegenstand, der so erlesen war wie der heilige Gral. Jedes Jahr versicherte die Mutter, sie wünsche sich nichts weiter als einen Kuß, sie lege keinen Wert auf Geschenke und wolle nicht, daß sie ihr weniges Geld für sie ausgäben, aber sie glaubten ihr nicht und wetteiferten miteinander, wer ihr die größte Freude machte. Allen voran Angela. Sie sparte ihr spärliches Taschengeld schon Wochen, bevor die anderen damit anfingen, und überlegte stundenlang, wofür sie die ganze Summe ausgeben sollte.

Es gab nichts Schwierigeres auf der Welt, als der Mutter eine Freude zu machen. ‚Damit machst du deiner Mutter aber keine Freude', lautete eine ständige Redensart ihres Vaters, und meistens sagte er es, wenn er selbst kurz vorher die Mutter gekränkt hatte. Er sagte es ärgerlich, aber gleichzeitig triumphierend, als erfülle es ihn mit obskurem Stolz, daß sie sich nicht freute. Wäre die Mutter eine geschickte Lügnerin gewesen, so hätten sie vielleicht nie erfahren, ob sie sich freute oder nicht, aber sie brachte es niemals fertig, einer ehrlichen Antwort auf eine direkte Frage auszuweichen.

‚Ist es auch das *richtige* Grün?' hieß es, als jemand ihr einen billigen Schal zu einem ganz bestimmten Hut gekauft hatte. ‚Findest du, daß er dazu paßt?' Die gutgemeinte Antwort war niederschmetternd. ‚Na ja, vielleicht einen Ton dunkler ... aber er ist schon richtig' – und ach, diese Enttäuschung, und dann rannte man nach oben, um die Demütigung in einem Kissen zu verbergen.

Aber war die Qual des Versagens auch bitter, so war der Jubel, wenn man gelegentlich das Richtige traf, wahrhaft süß. So erging es Angela mit der Perlenkette, die sie für siebzehneinhalb Shilling auf dem Markt erstanden hatte; sie hatte sie monatelang bewundert, wie sie schimmernd auf dem dunkelblauen Samtkissen in der Schachtel lag. Jede Woche ging sie zu dem Stand, erkundigte sich nach dem Preis und befühlte die Kette behutsam unter den wachsamen Augen des Händlers. Jede Woche zählte sie ihr Geld und mußte unverrichteter Dinge wieder gehen, bis der Mann eines Tages sagte: ‚Weißt du was, ich geb' sie dir billiger und heb' sie dir auf, bis du siebzehneinhalb zusammenhast, einverstanden?'

Er wickelte die Schachtel in rosa Seidenpapier. Angela

kaufte ein goldenes Band, verschnürte das Päckchen damit und verzierte es mit einer riesengroßen Schleife. Mit klopfendem Herzen überreichte sie der Mutter das Geschenk – und die Mutter stieß einen entzückten Schrei aus; sie legte sich die Kette sogleich um den Hals und zog geschwind ihren einzigen guten Pullover an, um das Schmuckstück besser zur Geltung zu bringen. Mutter, die weder ein Talent noch die Kraft zur Täuschung besaß, war hingerissen. Nie wieder hatte ihr etwas so viel Freude gemacht wie diese billige Reihe falscher Perlen aus der Hand eines zehnjährigen Kindes.

In diesem Jahr wurde Mutter fünfundsiebzig. Einmal, als Angela hingebungsvoll Mutters dichte kastanienbraune Haare bürstete, hatte sie die Mutter gefragt, ob ihre Haare weiß würden, wenn sie eine alte Dame wäre. ‚Wer weiß, vielleicht werde ich nie eine alte Dame', hatte die Mutter gesagt. ‚Was?' sagte Angela, und sie hielt inne, weil ihre Hand auf einmal zu schwach war, um weiterzubürsten. ‚Was?' ‚Vielleicht werde ich nicht alt, weil ich nicht so lange lebe', hatte die Mutter in scheinbarer Gewißheit wiederholt. ‚Das darfst du nicht sagen!' rief Angela und brach in lautes hemmungsloses Schluchzen aus. Die Mutter war ganz zerknirscht. Sie tröstete Angela und sagte, ihre eigene Mutter sei jung gestorben und ihr Vater auch, und deshalb sei sie nie auf den Gedanken gekommen, daß sie älter werden könne als ihre Eltern.

Und jetzt wurde die Mutter fünfundsiebzig, und auch ihre Eltern waren gar nicht so jung gestorben, wie sie es Angela in jenem entsetzlichen Augenblick glauben machte. Mutters Überzeugung, daß sie nicht alt werden würde, beruhte lediglich auf einer krankhaften Einbildung, doch sie blieb als furchtbare Prophezeiung, die gewiß in Erfüllung gehen würde, in Angelas Gedächtnis haften.

Der fünfundsiebzigste war nicht so ein besonderer Geburtstag wie der siebzigste. Zu Mutters siebzigstem Geburtstag hatte Angela ihr einen Korb mit siebzig roten Rosen geschickt. Wie in Hollywood, hatte die Mutter, gerührt von solcher Extravaganz, gesagt. Doch das ließ sich nicht wiederholen, ebensowenig wie die anderen Einfälle, die Mutters Beifall gefunden hatten, weil sie originell waren …

Kleider liebte die Mutter auch heute noch; sie machte sich gern schick, egal, ob sie gesund oder krank war, und sie wollte auch dann hübsch aussehen, wenn sie nirgendwohin ging. Ständig schmeichelten ihr die Leute wegen ihres Aussehens, doch solche Komplimente machten sie zornig. Ach, das alte Stück, das hab ich schon jahrelang, sagte sie dann, als sei diese Tatsache allein schon tadelnswert. Wenn sie etwas Neues bekam, prüfte sie ungeheuer kritisch, wie sie darin aussah, bis schließlich Vaters Ausruf ‚Damit kannst du deiner Mutter keine Freude machen!' eine neue Bedeutung erhielt. Die Mutter sehnte sich danach, wieder einkaufen gehen zu können, Unmengen von Kleidern zu probieren, sich vor dem Spiegel zu drehen und sich schließlich für das schickste zu entscheiden. Zu Angelas Erleichterung ließ der Vater das jedoch nicht mehr zu. Er meinte, die Mutter würde einen Anfall bekommen, das ewige Aus- und Anziehen, das ständig Auf- und Zumachen sei zuviel für sie. Er sagte, sie habe mehr als genug Kleider, um bis an ihr Lebensende versorgt zu sein.

Ein neues Kleid für den kommenden Sommer würde der Mutter mehr Freude machen als alles andere, aber der bloße Gedanke an den Einkauf belastete Angela ungeheuer. Es gab dabei so vieles zu bedenken. Das Kleid mußte lange Ärmel haben, weil Mutter fand, daß keine Dame über vierzig ihre rauhen Ellbogen zeigen dürfe. Es mußte vorn zu schließen sein, weil das Anziehen sonst zu beschwerlich war. Es mußte waschbar sein. Es durfte am Hals nicht gebunden werden, weil Mutter selbst keine Schleifen mehr binden konnte, aber andererseits mußte es irgend etwas am Hals haben, einen Kragen oder dergleichen; ein schmuckloser Halsausschnitt kam nicht in Frage. Es durfte weder zu lang sein, weil Mutter das unelegant fand, noch zu kurz, weil sie das ordinär fand. Es sollte möglichst gemustert sein, aber nicht auffallend, farbig, aber nicht grell. Die Größe war ein Problem. Obwohl klein und zierlich, hatte die Mutter recht ausladende Hüften – ‚das meint man gar nicht', pflegten die Verkäuferinnen mit geschürzten Lippen zu sagen, was Mutter jedesmal in Verlegenheit brachte. Größe 38 war oben zu weit und paßte unten genau. Anständig sitzen konnte das Kleid nur, wenn es so geschnitten war, daß es oben eng anlag und einen weiten Rock hatte.

Nach sorgfältigem Überlegen und etlichen vergeblichen Fahrten zu Geschäften, die sie noch nie aufgesucht hatte, kaufte Angela schließlich ein Kleid. In einer großen, mit Goldfolie umwickelten Pappschachtel sah das Geschenk wirklich aufregend aus. Jetzt galt es nur noch, die Geburtstagskarten zu verfassen, je eine von jedem, und zwar in Versen. Mutter legte großen Wert auf beziehungsreiche Verse; die Reime auf den fabrikmäßig hergestellten Karten genügten da nicht. Mutter hatte es gern, wenn der Absender seine Gefühle klar ausdrückte, sie mochte Verse, die ihr sagten, wie sehr sie geschätzt und geliebt wurde, und vor allem war es wichtig, daß sie ernst gemeint waren und von Herzen kamen."

Nach dem Tod ihrer Mutter entschließt sich Angela eines schönen Sommertages, draußen im Garten ihre Papiere, alle die sorgfältig ein Leben lang aufgehobenen Dokumente der Mutter, durchzusehen. Die 15jährige Sadie ist dabei.

„Behutsam schüttelte sie den Inhalt der Tüte in ihren Schoß. Der schwere Stoß von Papieren ließ ihren Baumwollrock zwischen ihren Knien einsacken. Sie drückte die Knie zusammen und brachte den Haufen darauf oberflächlich in eine gewisse Ordnung. Zuerst die diversen, mit Gummibändern zusammengehaltenen Päckchen. Das erste enthielt Mutters Zeugnisse vom Lyzeum, drei waren es, aus der ersten, zweiten und dritten Jahrgangsstufe. Führung 1, Pünktlichkeit 1, Algebra 1, Religion 1, Kochen 1. Angela lächelte – so eine gute Schülerin war Mutter gewesen. Doch in Handarbeit hatte sie nur eine Zwei und in Zeichnen eine Drei. Im Klassendurchschnitt war sie immer die Erste von dreiundvierzig. Ihr Klassenlehrer, R. C. Wolfe, konnte den Fleiß, den Eifer und die Intelligenz seiner begabten Schülerin nicht genug loben. Es war ein Vergnügen, sie zu unterrichten. Sie würde es zu etwas bringen. Angela faltete die Zeugnisse zusammen. Mutter hatte es zu nichts gebracht.

‚Hier', sagte sie, indem sie Sadie die Zeugnisse zuwarf, ‚lies die mal.' Sadie las sie und lachte und verriet mehr Interesse, als Angela für möglich gehalten hätte.

‚Unglaublich', sagte sie. ‚Ich meine, Oma war ja richtig begabt – das ist mir nie aufgefallen.'

‚Begabt und verschwendet.'

‚Wieso verschwendet?'

‚Sie hat ihre Intelligenz nie genutzt. Sie hatte keine Gelegenheit. Als sie vierzehn war, starb ihr Vater, und sie ging von der Schule ab und arbeitete im Büro, und aus.'

‚Du bist ein Snob', sagte Sadie, ‚man kann auch im Büro glücklich sein – wir wollen doch nicht lauter Blaustrümpfe werden. Außerdem hat sie geheiratet und hat im Büro aufgehört, also ist schließlich alles gut geworden.'

‚So?'

‚Huch, Mami – laß diese geheimnisvollen Andeutungen. Das kann ich nicht ausstehen. Guck dir lieber das übrige Zeugs an, mach schon.' ...

Das nächste Päckchen enthielt Quittungen ... Alles bezahlt, quittiert und aufbewahrt. Zeugnisse aus glücklichen Tagen – Dekorateure im Haus und neue Möbel, ehe die Jahrzehnte einsetzten, in denen sie alles selbst machten und nicht einmal mehr eine Bank kauften. Angela sah nicht alle Quittungen durch. Sie schnürte sie hastig zusammen.

'Ich kann es nicht ertragen, das hier anzuschauen', sagte sie, 'es ist zu bedrückend.'

'Es sind doch bloß Rechnungen', sagte Sadie, als sie sich ein paar angesehen hatte. 'Was ist daran bedrückend, wenn man liest, was die Sachen gekostet haben?'

'Darum geht es nicht – es geht um die Bilder, die mir dabei in den Sinn kommen – ein kleines Mädchen, das im Puppenhaus Familie spielt – und so ein liebes kleines Mädchen noch dazu, das seine Welt nicht so gestalten konnte, wie es wollte. Sie hat es ohnehin bald aufgegeben. Sie hat immer gesagt, das Geld ging einfach weg, und es war nie genug da, um sich auch nur den kleinsten Luxus zu leisten, warum also sich die Mühe machen, seine Spur zu verfolgen – aber das war ihr ein echtes Bedürfnis. Sie wäre gern wie diese Damen gewesen, die ein Kundenkonto beim Lebensmittelhändler und ein anderes beim Metzger hatten und ein hübsches, glänzendes rotes Buch mit festem Einband, um darin ihre Ausgaben einzutragen. Statt dessen hieß es, günstige Gelegenheiten und Sonderangebote aufzuspüren, und das war ihr verhaßt.'

'Das tun doch 'ne Menge reiche Leute auch', sagte Sadie.

'Darum geht es nicht.'

'Das sagst du immer – du bist dir so sicher, daß du weißt, worum es geht, und niemand anders kann einen Standpunkt haben, der vielleicht auch richtig ist. Du bist so überzeugt, daß Oma immer elend und unglücklich war, und wir mußten sie immerzu bedauern. Vielleicht hast du das alles falsch gesehen.'

'Ich wünschte, Du hättest recht', sagte Angela.

Sie nahm sich den nächsten Packen vor – diverse Urkunden – ein Taufschein, ein Konfirmationsblatt mit der Unterschrift des Bischofs, Heirats- und Geburtsanzeigen, Todesanzeigen, alles stark vergilbt. Das letzte Päckchen war ein dicker, mit Klebestreifen verschlossener Manilaumschlag. Er enthielt eine Sammlung von Grußkarten von ihr selbst an die Mutter – Karten zum Geburtstag und zum Hochzeitstag, schreiend bunte Karten mit Bauernhäusern mit rosenumrankten Türen, Vasen mit unmöglich arrangierten Blumen, aufgeputzte Damen in altmodischen Krinolinen. Manche Karten waren mit Satinbändern durchzogen, andere hatten kleine Stickereien an den Ecken, und alle waren mit überschwenglichen Versen beschrieben –

‚Meine Segenswünsche sind ohne Zahl,
Die ich Dir schuldig bin.
Du hast mich Liebe und Güte gelehrt,
Der Freud' und des Glückes Sinn.
Meine tiefe Achtung Dir zu sagen,
Dafür sind Worte zu klein,
Drum fleh' ich auf Dich Gottes Segen herab,
Mein süßes Mütterlein.'

Alle Karten waren mit ihrer großen, etwas nach links geneigten Schrift unterschrieben, die sie beibehalten hatte, bis sie sich infolge des Schönschreibekurses in der Gesamtschule eine sauberere Schrägschrift angewöhnte. ‚Für Mami, mit den *besten* Wünschen zum Geburtstag, in *Liebe* und *tiefer* Achtung von Angela.'

Angela lächelte kaum merklich über die Unterstreichungen und die ‚tiefe Achtung'.

Wie alt war sie da gewesen? Sieben oder acht. Die Texte wurden später noch schwulstiger, bis sie in der allerletzten Karte, als sie etwa zwölf war, ihren Höhepunkt fanden –

‚Der wunderbarsten Mami, mit jedem schönen Bruchstück, das die Welt zusammenhält.' Sie starrte auf diese unverständliche Widmung – was hatte sie gemeint? Sie hatte einen solch hochtrabenden mysteriösen Ausspruch wohl für sehr weltklug gehalten. Auf der Karte, auf der diese Worte standen, steckte vorn ein winziges Notizbüchlein mit der Aufschrift: ‚Ein Gebet für Dich zum heutigen Tag.' Angela schlug es auf, ein Lächeln stand bereits auf ihren Lippen.

‚Dieser Tag bleib' unvergessen,
Liebe Mutter, für Dich und mich
Wie jeder Augenblick, an dem
Wir nah' uns waren, Du und ich.
Immer schenktest Du mir Liebe
Voller Güte und Geduld,
Und alles Glück auf dieser Welt
Gabst Du mir mit Deiner Huld.
Und kann ich's Dir auch nicht vergelten,
Was Du für mich getan,
So mach' ich Dir doch diesen Tag
So glücklich, wie ich kann.
Ich bet' um Gesundheit immerdar,
Um Frieden für Dich und Ruh,
Eine Zukunft voller Zufriedenheit,
Du liebste Mutter Du.'

Sie weinte. Das verächtliche Lächeln noch auf den Lippen, weinte sie endlich. Einmal hatte es ja kommen müssen, und nun weinte sie an einem strahlenden Sommernachmittag, leise und hemmungslos.

‚O Mami', sagte Sadie, als sie es merkte, und setzte sich auf, ‚um Himmels willen.'

Angela reichte ihr die Karten und lehnte sich in ihrem Sessel zurück, von der Sonne geblendet. Sadie sah alle Karten durch und lachte. ‚Aber die sind doch *lustig*', sagte sie, ‚die sind köstlich – so was Überspanntes – du hattest ja einen gräßlichen Geschmack.'

‚Sie sind peinlich', sagte Angela, ‚wie ich mich ihr aufgedrängt habe – so hungrig nach ihrer Zuwendung.'

‚Hast du sie nicht bekommen?'

‚Doch, doch, natürlich – Mutter war immer herzlich und liebevoll – sie hat mich stundenlang auf ihren Knien gehalten und gehätschelt – sie war immer zärtlich – aber es war nie genug – dann hörte es auf, und nichts trat an seine Stelle, bis ich Ben kennenlernte – kein Wunder, daß sie traurig war.'

‚Aber das ist doch ganz natürlich – man wird nicht von seiner Mutter gehätschelt, wenn man erwachsen ist, nicht? Eine erwachsene Frau sitzt nicht bei ihrer Mutter auf den Knien, oder?'

‚Nein, aber es müßte sich in Freundschaft verwandeln. Man kann immer noch miteinander vertraut sein –'

‚Hört sich schrecklich an.' Sadie streckte sich und gähnte. Angela weinte nicht mehr. ‚Jetzt muß ich meinen Bauch bräunen.' Sadie legte sich auf den Rücken, schloß die Augen und lächelte. ‚Ich werde jedenfalls in zwanzig Jahren nicht mit all meinen Karten an dich dahocken und heulen. Ich hab dir nie welche geschickt, oder?'

‚Doch, eine oder zwei selbstgemalte, als du klein warst.'

‚Du hast sie doch nicht etwa aufgehoben?'

‚Natürlich. Die Zeichnungen waren gut.'

‚Ich bin platt. Ich hätte nie gedacht, daß ich dir auch nur eine einzige geschickt habe – so was liegt mir nicht.'

‚Nein.'

‚Hat es dir was ausgemacht? Ich meine, warst du enttäuscht, weil du keine Karten von mir gekriegt hast?'

‚Eigentlich nicht.'

‚Also doch. Gut, nächstes Jahr schick' ich dir eine – erinnere mich dran', und Sadie lachte über ihren eigenen Witz. Sie schnippte eine Fliege von ihrem Gesicht. ,Gott sei Dank sind wir in unserer Familie nicht so.'"

Was es heißt, unbelastet zu sein, kann Angela in dieser Situation zum ersten Mal dankbar von ihrer Tochter annehmen. Dem deutschen Titel dieses Romans zuwider wird Sadie, die Tochter der Tochter, nicht „gefressen".

Die zwei Wahrheiten

„Meine Feinde sind die, die mich am liebsten haben. Vor allen: meine Mutter. Ihr mitleidiger Wunsch ist, daß ich ‚glücklich' sei. Glücklich! Das ist undefinierbar als Zustand." –

„Masken sind an der Tagesordnung, und das wenigste, das ich tun kann, ist, die Illusion zu kultivieren, daß ich fröhlich bin, heiter, nicht hohl und angstvoll." –

So schrieb *Sylvia Plath,* die amerikanische Lyrikerin und Schriftstellerin, in ihren Tagebüchern.

Ihre Mutter, *Aurelia Plath,* kommentierte einen Zeitraum, in dem es der Tochter offenbar nicht gelang, die andere Hälfte ihres Wesens wie gewohnt zu verstecken:

„... Immer wieder sagte ich mir: ‚Das ist nur ein vorübergehendes Stadium.' Ihr Gedächtnis klammerte sich an Mißstimmigkeiten, hielt fest daran, und schien die Erinnerung an gemeinsame Freuden der Kindheit und Jungmädchenjahre verloren zu haben. Freundliche und liebevolle Handlungen wurden nun mit zynischem Blick betrachtet und auf zugrundeliegende Motive hin analysiert. Während dieser äußerst schwierigen Periode der erneuten Ichfindung bemühten wir uns alle, geduldig, hilfreich und verständnisvoll zu sein. Zu unserer Erleichterung brach ihr sonniger Optimismus von Zeit zu Zeit wieder durch, und wir wurden dann von neuem mit Liebesbezeigungen überschüttet."

Die Mutter hat unter dem Titel *„Briefe nach Hause 1950–1963"* („Letters Home") etwa hundert Briefe der Tochter aus fast tausend – hauptsächlich an sie gerichtet – herausgegeben, einige kommentiert und ihnen ein ausführliches Vorwort vorangestellt.

Jede Zeile der Mutter und auch unsere Gedanken beim Lesen sind mitbeeinflußt von der Tatsache, daß sich die Tochter dreißigjährig das Leben genommen hat. Sie hatte sich gerade in London als Lyrikerin einen Namen gemacht.

Neben Sylvia wuchs ihr Bruder Warren auf. Sei es, weil er nicht Dichter wurde, sondern Jurist, oder sei es, weil er nicht Mutters „Ebenbild" war – bei ihm haben die gleichen Bedingungen weit weniger zerstörerische Konsequenzen gehabt.

In ihrem Vorwort arbeitet Aurelia Plath heraus, wie schwer sie es als Kind mittelloser Einwanderer aus Österreich hatte, dann als mittellose Studentin, die einen um vieles älteren Mann, ihren Professor, heiratete – der ebenfalls Einwanderer und mittellos war. In wahrhaft eiserner Disziplin unterwarf sie ihre starken literarischen Neigungen seinen Anforderungen: Als seine Assistentin und Sekretärin arbeitete sie sich in sein Spezialgebiet, die Bienenkunde, ein – und nach der Geburt der beiden Kinder ließ sich das nur durch die Hilfe ihrer Eltern weiterführen. Als ihr Mann starb, war die Tochter neun Jahre alt, und nun sorgte die Mutter weiterhin bis zur Überforderung dafür, daß die Kinder auf die besten Schulen und Hochschulen gehen durften. Diese Mutter hatte wirklich genug Schweres durchgemacht, und es erscheint verständlich, daß ihr nur noch an einem gelegen war: an erfolgreichen, glücklichen Kindern.

Schon den Tod des Vaters hat sie ihnen so wenig belastend wie möglich erscheinen lassen wollen:

„Ich war der Meinung, daß die Kinder ihren Vater niemals wiedererkennen würden, deshalb nahm ich sie nicht zum Begräbnis mit. ...Was von mir als Tapferkeitsübung um meiner Kinder willen gedacht war, wurde Jahre später von meiner Tochter als Gleichgültigkeit ausgelegt. ‚Meine Mutter hatte nie Zeit, um den Tod meines Vaters zu trauern.'

Ich hatte mich lebhaft daran erinnert, daß ich eines Tages, als ich als kleines Kind erlebte, wie meine Mutter in Tränen ausbrach, das Gefühl gehabt hatte, daß eine ganze Welt für mich zusammenbrach. Mutter, dieser Turm an Stärke, diese meine einzige Zuflucht, weinend!

Diese Erinnerung zwang mich, meine Tränen zurückzuhalten, bis ich abends allein im Bett lag."

Die Tochter stellt in ihrem Roman *„Die Glasglocke"* ihre Bedürfnisse so dar:

„Ich zog den schwarzen Schleier unter dem Kinn zusammen und ging durch die schmiedeeisernen Tore. Ich fand es eigenartig, daß keiner von uns meinen Vater je besucht hatte, während der ganzen Zeit, die er schon auf diesem Friedhof begraben war. Meine Mutter hatte uns nicht zu seinem Begräbnis mitkommen lassen, weil wir damals noch Kinder waren, und er war im Krankenhaus gestorben, so daß der Friedhof und sogar sein Tod mir immer unwirklich erschienen waren.

Ich hatte neuerdings das große Bedürfnis, meinem Vater gegenüber die ganze Schuld für alle Jahre der Vernachlässigung abzutragen, und ich wollte anfangen, sein Grab zu pflegen. Ich war immer das Lieblingskind meines Vaters gewesen, und es schien mir billig, daß ich eine Trauer übernahm, mit der sich meine Mutter nie belastet hatte." Nach einigen Minuten des Erinnerns, des Sinnens, als ihr Blick über all die Grabsteine unter dem grauen Himmel im Nieselregen streift, fällt ihr plötzlich der Name des Vaters auf einem rosa gesprenkelten Marmorstein ins Auge. Sie muß heftig weinen.

„Ich verstand nicht, warum ich so sehr weinte.

Dann fiel mir ein, daß ich nie über den Tod meines

Vaters geweint hatte. Meine Mutter hatte auch nicht geweint. Sie hatte lächelnd gesagt, wie gnädig dieser Tod für ihn sei (...).

Ich legte das Gesicht auf die glatte Oberfläche des Marmors und heulte meinen Verlust in den kalten salzigen Regen."

Auch dies scheint eines der wiederkehrenden Grundmuster zu sein: Ihre Lebensgeschichte hindert die Mutter daran, die Gegenwart der Tochter wahrzunehmen. Aurelia hatte als Kind – gewiß mitverursacht durch alle die Unsicherheiten ihrer Einwanderer-Situation – das Weinen ihrer Mutter nicht ertragen, und nun geht sie davon aus, auch ihre Tochter könne das Weinen *ihrer* Mutter nicht ertragen. Der Tochter Sylvia jedoch wurde die ihr von der Mutter in bester Absicht ersparte Trauer – nicht nur beim Tod des Vaters – allmählich zu einer vorenthaltenen, verbotenen Dimension des Gefühls. Hier mag eine der Quellen dafür sein, daß die dunklen Seiten ihrer Welt zeit ihres Lebens auf Sylvia Plath einen Sog der Faszination ausübten, der auch Tod und Irresein umschließt, die sie umkreist in vielen ihrer eigentümlichsten Texte.

Mit starken Anteilen ihres Selbst wollte Sylvia nur allzu gern so sein, daß die Mutter darüber stolz und glücklich sein konnte. Wie sie als Zwanzigjährige schreibt, als College-Studentin:

„Kein Mädchen auf dieser Welt hat je so eine herrliche Mami gehabt, und ich kann nur hoffen, daß ich auch weiterhin Lorbeer zu Deinen Füßen legen kann. Warren und ich lieben und verehren Dich mehr als sonst wen auf der Welt für alles, was Du unser Leben lang für uns getan hast. Denn Dir haben wir unsere Anlage und den Antrieb zu geistigem Streben zu verdanken. Dank Dir millionenmal!"

In ihren Kommentaren schreibt die Mutter, zwischen der Tochter und ihr habe es – genau wie zwischen ihrer eigenen

Mutter und ihr – eine „psychische Osmose" gegeben, also eine Art Säfte-Austausch wie in den Zellen eines lebenden Organismus. Das ist ein Bild für ein gefährliches Verhältnis zwischen Mutter und Tochter: Da kann die andere nicht als eigenständiges Wesen mit der Möglichkeit eigenen, möglicherweise: abweichenden Innenlebens und abweichender Wahrheiten aufwachsen.

Wenn es um den „Lorbeer" zu Mutters Füßen ging, war alles gut: Gemeinsam freuten sich Mutter und Tochter an den exzellenten Resultaten ihrer Schul- und Hochschularbeit, an den angenommenen Kurzgeschichten und Gedichten für die populären Frauen-Zeitschriften, an allem, was der Tochter gelang und was sie mit leichter Hand in ihren ungewöhnlich ausführlichen, farbigen Briefen der Mutter mitteilte. Aus der Zeit als Schülerin und Studentin wie später als Ehefrau und Mutter, beim Bienenzüchten und Reiten, beim Gärtnern und Zeichnen, als Agentin und Sekretärin ihres Mannes, des Lyrikers Ted Hughes. Immer wenn sie als vollkommene Verkörperung der mütterlichen Ideale, eine getreue Nachfolgerin des mütterlichen Vorbildes erscheinen konnte, war sie glücklich und schrieb glückliche Briefe mitten in der Überforderung und in der Selbstlosigkeit, mit der sie ihr Bedürfnis nach eigenem Schreiben zurückstellte.

Die Tochter weiß, daß ihre Briefe „aufbauend" zu sein haben, und so schreibt sie wie eine ungebrochen heitere Frohnatur: Sie beteuert immer wieder ihren „unverwüstlichen Optimismus", ihr „altes sonniges Wesen"; sie schreibt: „Ich schlucke meine salzigen Tränen runter und grinse tapfer"; „Ich bringe es fertig, die meiste Zeit zu lachen ..."; mit der Abgeklärtheit einer Greisin stellt sie fest: „Ich habe meinen Sex vernünftig unter Kontrolle und Du brauchst Dir um mich überhaupt keine Sorgen zu machen." Wie der Mutter auf den Leib geschneidert ist solch eine Selbstcharakteristik der College-Studentin: „... da ich erkannt habe, daß ich prinzipiell eine im Innersten extrem glückliche und gutangepaßte, lebensfrohe Person bin – auf gleichbleibende Weise stets glücklich, nicht schwankend zwischen Höhen und Tiefen, obwohl ich dann und wann meine Höhepunkte habe."

Als sie die Mutter zu einem Besuch aus Amerika nach London einlädt, schreibt sie wieder einen dieser beschwörenden Dankbarkeitsbriefe und nimmt selbst die Rolle ein, die die Mutter ihrer Mutter damals zudiktiert hatte: Turm an Stärke; die Tochter wählt dafür das Bild vom „Zentrum der Kraft", das sie für die Mutter sein wird:

„Du hast als einzige von allen ein Kreuz zu tragen gehabt, unter dessen nicht endender Last so manche stärkere Frau zusammengebrochen wäre. Du hast Daddy's langsamen, schweren Tod ertragen, und Du leistest in Deiner Arbeit soviel wie ein Mann. Du hast dafür gesorgt, daß wir Kinder behütet und glücklich aufgewachsen sind, reich versehen mit Kunst- und Musikunterricht, Ferienlager und Spiel. (...) Denk an Deine Reise hierher wie an eine Reise ins Zentrum der Kraft Deiner Tochter, die Dich inniger liebt, als Worte es auszudrücken vermögen. Ich warte auf dich. (...) Du mußt Kraft und Gesundheit und Heiterkeit in Dich einsaugen, damit Du wieder an die Arbeit gehn kannst ..."

Aber Sylvia ist keine ungebrochene Frohnatur.

Sobald es sich einmal nicht vermeiden läßt, von Schwierigkeiten zu berichten, fällt sich die Briefschreiberin sofort ins Wort oder sendet am nächsten Tag schleunigst einen Brief hinterher, der ihren wiederhergestellten Frohsinn beteuert.

Einmal wählte sie den Weg, über eine Mitstudentin zu

schreiben, um so der Mitteilung des dunklen Teils ihrer Wahrheit nahezukommen:

„Sie war immer schon heiter, aber in der letzten Zeit ist diese Heiterkeit immer strahlender und künstlicher geworden, deshalb habe ich sie gestern nach dem Mittagessen mit auf mein Zimmer genommen. Anfangs war sie sehr aufgekratzt und tat so, als sei nichts, aber schließlich gab ihr Gesicht nach und wurde weich. (...) Sie hat nicht richtig schlafen können, sondern ist von dem Gedanken, daß sie arbeiten muß, selbst wenn sie sich in einem Zustand befindet, in dem sie nur noch so tun kann, als ob ..." Und dann fällt das Wort, das in den Briefen an die Mutter kaum jemals auftaucht, dafür aber desto häufiger in Sylvias Tagebüchern, und das sie in einer ihrer späten Kurzgeschichten zu einer unheimlich machtvollen Herrschergestalt personifiziert, den Johnny Panic: Panik. „Ich glaube, außer dieser Panik hat das Mädchen überhaupt nichts mehr gefühlt, so betäubt war sie. Ich bin erschrocken, als sie mir erzählte, daß sie Schlaftabletten und Rasierklingen gesammelt hätte und sich nichts Besseres vorstellen könne, als Selbstmord zu begehen."

Aus anderen Aufzeichnungen geht klar hervor, daß dies mehr als einmal Sylvias Verfassung war – die hätte sie aber der Mutter nicht zumuten dürfen. Und das war doch auch ihre Wahrheit. Im Zusammenhang mit dem Sohn von Bekannten, über den die Mutter Rat einholt bei der Tochter, kommt Sylvia noch einmal dem Ausdruck ihrer eigenen Bedürfnisse an die Mutter ganz nahe:

„Deine Erzählung über S. hat mich ungeheuer berührt. (...) Ich habe mich ganz plötzlich ‚hineinversetzt gefühlt' in seinen Zustand. (...) Ich weiß nur zu gut, wie es ist, wenn nichts, was einem gesagt wird, hilft. Für mich wäre es fast besser gewesen, die Leute hätten nicht versucht, optimistisch zu sein, als ich ehrlich glaubte, daß es keine Hoffnung gäbe, daß ich je wieder studieren und denken könne. (...) Bring ihn dazu, daß er nicht so hart mit sich selbst ist; erkläre ihm, daß die Leute ihn lieben und respektieren werden, ohne jemals nach seinen Noten zu fragen. Zweifellos sind Noten zum schwarzen Moloch seines Lebens geworden. Versuche nicht, allzu optimistisch zu sein, das hat nur zur Folge, daß er das Vertrauen zu Dir verliert. Erkenne sein Problem an, auch wenn es nicht ganz verständlich ist. Lade ihn allein ein und geh mit ihm weg, sprich ganz offen mit ihm. Es ist besser, er bricht zusammen und weint, wenn er das braucht."

Der Zustand, auf den Sylvia hier anspielt, ist der von der Mutter unter dem Namen „Zusammenbruch" verborgene, nahezu gelungene, der perfekt geplante Selbstmordversuch der Tochter im Alter von zwanzig Jahren. Daß dieser der Mutter vollständig unerklärlich, ja, geradezu unglaublich erscheinen mußte, liegt auf der Hand. Sylvias erste Worte nach der Wiederbelebung waren: „Dies sollte mein letzter Liebesbeweis sein." Was für ein abgründig enthüllender Satz: So wenig war die Tochter also im verschwiegenen Teil ihres Innern davon überzeugt, dem wirklich zu entsprechen, was sie doch immer beteuerte. So sehr empfand sie sich in dieser Phase als Zumutung für die ohnehin so geplagte Mutter, daß sie ihr Verschwinden als „Liebesbeweis" planen konnte.

Der Roman „Die Glasglocke" handelt von nichts anderem als von der Periode in Sylvias Leben, die sie offenbar am wenigsten mit der Mutter teilen konnte. Das Roman-Ich Esther, das wir schon auf seinem Gang zum Friedhof auf der Suche nach Vaters Grab und auf der Suche nach den Gefühlen von Trauer und Verlust kennengelernt haben, steht offensichtlich nicht unter der Forderung, „aufbauend" schreiben zu müssen. Esther berichtet unsentimental und schonungslos von lauter Ent-Täuschungen und von einem ständig wachsenden Gefühl des Abgetrenntseins von anderen Menschen und von ihren eigenen wahren Empfindungen. Das nennt sie: unter der Glasglocke leben. Alle die Stationen, die auch in den Briefen auftauchen, aber in ihrer heiteren Version, erscheinen im Roman, beschrieben von einer sarkastischen, desillusionierten Stimme; und während die Briefschreiberin im wesentlichen von Erfolgen zu melden weiß, zieht die Roman-Erzählerin die Bilanz ihres Scheiterns.

„Ich begann alles das zusammenzuzählen, was ich nicht konnte. Ich fing mit dem Kochen an. Meine Großmutter und meine Mutter kochten so gut, daß ich ihnen alles überließ. (...) Kurzschrift konnte ich auch nicht. Das bedeutete, ich würde nach dem College keine gute Stellung bekommen. Meine Mutter sagte immer wieder, niemand würde mich nur mit Hauptfach Englisch nehmen. Aber eine Englischabsolventin, die Kurzschrift konnte (die Mutter *lehrte* u.a. auch Kurzschrift), war schon etwas anderes. Von allen Seiten würde ich Angebote bekommen. Ich würde bei den aufsteigenden jungen Männern gefragt sein und einen aufregenden Brief nach dem anderen diktiert bekommen.

Die Schwierigkeit war nur, ich haßte die Vorstellung, Männern irgendwie zu dienen. Ich wollte meine eigenen aufregenden Briefe diktieren. (...) Meine Liste wurde länger. Ich war eine schrecklich schlechte Tänzerin. (...) Ich konnte weder reiten noch skifahren, die beiden Dinge, die ich am liebsten getan hätte, weil das zuviel Geld kostete. Ich konnte weder Deutsch sprechen noch Hebräisch lesen noch Chinesisch schreiben. (...) Ich kam mir das erste Mal im Leben schrecklich unzulänglich vor. Das Schlimme war, ich war immer unzulänglich gewesen, ich hatte nur noch nie darüber nachgedacht. Ich war nur gut im Einsammeln von Stipendien und Preisen, und diese Epoche ging zu Ende."

Sylvia-Esther sieht ihr Leben wie einen Feigenbaum, in dessen Gabelung sie sitzt und dessen saftige, purpurne Feigen sie vor sich sieht – die eine Feige ist ein Mann und Kinder, die andere Feige eine berühmte Dichterin, die andere eine großartige Professorin, und Reisen und tolle Liebhaber und Siege – und sie weiß nicht, welche Feige sie nehmen soll, und verhungert dabei:

„Ich wollte jede einzelne, aber eine auszuwählen, hätte bedeutet, alle andern zu verlieren, und während ich dort saß und nicht fähig war, mich zu entscheiden, begannen die Feigen schrumplig zu werden und schwarz, und eine nach der andern fiel auf den Boden, mir vor die Füße."

Was in einem Telegramm an die Mutter als „phantastisch gebrochenes Wadenbein" umschrieben wird, mit dem heiter und harmlos klingenden Zusatz „kein Schmerz, nur Komplikationen beim Charleston-Tanzen", das ist ein tiefgreifendes Erlebnis im Roman, geradezu ein Schlüsselerlebnis voll strenger innerer Folgerichtigkeit für sie allein, ganz allein für sie, in ihrer eigenen Sprache:

„Das große, graue Auge des Himmels sah mich an, seine dunstige Sonne rückte die ganzen weißen und schweigenden weiten Fernen, die von allen Punkten der Windrose heranflossen, in den Brennpunkt, ein bleicher Hügel nach dem anderen, um zu meinen Füßen zum Stillstand zu kommen. Die innere Stimme quälte mich, kein Idiot zu sein, meine Haut zu retten und die Ski abzuschnallen und hinunterzugehen ... Der Gedanke, ich könnte mich umbringen, entwickelte sich in meinem Kopf, gelassen, wie ein Baum oder eine Blume. (...) Ich rückte an den Rand des Hügels, grub die Spitzen der Skistöcke in den Schnee und stieß mich ab zu einem Flug, den ich weder durch Geschick noch durch irgendeinen verspäteten Willensakt beenden konnte, das wußte ich. Ich fuhr geradewegs hinab. Ein scharfer Wind, der sich versteckt hatte, traf mich voll in den Mund und fegte mir das Haar waagrecht vom Kopf zurück. Ich sank hinab, aber die weiße Sonne stieg nicht höher. Sie hing über den schwebenden Wolken der Hügel, ein empfindungsloser Angelpunkt, ohne den die Welt nicht bestand. Ein kleiner, antwortender Punkt in meinem Körper flog ihr entgegen. Ich fühlte, wie sich meine Lungen mit der Flut der Landschaft füllten – Luft, Berge, Bäume, Menschen. Ich dachte: ‚So ist es, wenn man glücklich ist.' Ich sank hinab, vorbei an denen, die Bogen fuhren, an den Schülern, den Könnern, durch die Jahre von Unentschlossenheit und Lächeln und Kompromiß hindurch, in meine eigene Vergangenheit. Auf beiden Seiten wichen Menschen und Bäume zurück wie die dunklen Wände eines Tunnels, während ich weiter auf den stillen, leuchtenden Punkt am Ende zustürzte, auf den Kiesel am Grund der Quelle, das weiße süße Kind bewahrt im Bauch der Mutter."

Zurück in die Ungeborenheit – diesmal gelangt sie noch nicht dahin. Im Roman wird das überhaupt nicht geschehen. Nur Versuche, immer wieder Versuche.

Der Roman schildert die bedrückende Folge ungeschickter, mißglückter Therapien, ein trostloser Zug durch psychiatrische Kliniken, bis sie endlich auf die Therapeutin Dr. Nolan trifft – wieder eine Therapeutin als zweite Mutterfigur –, zu der sie Vertrauen hat, die keinerlei beschönigenden Optimismus von ihr fordert – im Gegenteil. Dies ist der Höhepunkt – oder Tiefpunkt – der Kontrafaktur des Romans zu den Tochterbriefen:

In der Klinik. Die Therapeutin:

„‚Ich habe eine Neuigkeit für Sie.' … ‚Nun, wollen Sie nicht wissen, was es ist?'

‚Was denn?' sagte ich stumpf und wappnete mich.

‚Eine Zeitlang werden Sie keinen Besuch mehr bekommen.‘

Ich starrte Doktor Nolan überrascht an. ‚Aber das ist ja herrlich.‘

‚Ich dachte mir schon, daß Sie sich darüber freuen.‘ Sie lächelte.

Dann sah ich, und auch Doktor Nolan sah auf den Papierkorb neben der Kommode. Aus dem Papierkorb ragten die blutroten Knospen von einem Dutzend langstieliger Rosen.

Am Nachmittag war meine Mutter zu Besuch gekommen. Meine Mutter war nur ein Besuch aus einer langen Reihe – ... Ich haßte diese Besuche. ... Ich haßte diese Besuche, weil ich immer merkte, wie die Besucher mein fettes und strähniges Haar mit dem verglichen, was ich gewesen war, oder mit ihrer Vorstellung von dem, was ich sein sollte, und ich wußte, sie gingen völlig bestürzt wieder weg.

Wenn man mich in Ruhe ließe, dachte ich, würde ich etwas Frieden haben.

Meine Mutter war am schlimmsten. Sie schalt mich nie, aber mit bekümmertem Gesicht bat sie mich immer wieder, ihr zu sagen, was sie falsch gemacht hätte. Sie sagte, die Ärzte glaubten bestimmt, sie hätte etwas falsch gemacht, denn sie hätten eine Menge Fragen gestellt, ab wann ich als Kind sauber gewesen sei, und ich sei doch schon sehr früh völlig sauber gewesen und hätte überhaupt keine Schwierigkeiten gemacht.

Am Nachmittag hatte meine Mutter mir die Rosen mitgebracht.

‚Heb sie für mein Begräbnis auf‘, hatte ich gesagt.

Das Gesicht meiner Mutter zog sich zusammen und sie sah aus, als würde sie gleich anfangen zu weinen.

‚Aber Esther, weißt du denn nicht, was für ein Tag heute ist?‘

‚Nein.'

Ich dachte, es wäre Valentinstag.

‚Es ist dein Geburtstag.'

Und dann warf ich die Rosen in den Papierkorb.

‚Das war dumm von ihr', sagte ich zu Doktor Nolan.

Doktor Nolan nickte. Sie schien zu verstehen, was ich meinte.

‚Ich hasse sie', sagte ich und wartete auf den Schlag.

Aber Doktor Nolan lächelte mich nur an, als hätte ihr etwas besonders gut gefallen, und sagte: ‚Ja, das tun Sie wohl.'"

„Doktor Nolan hatte ganz offen gesagt, viele Leute würden mich vorsichtig behandeln oder mich sogar meiden wie einen Leprakranken mit einer Warnglocke. Das Gesicht meiner Mutter trieb ins Bewußtsein, ein bleicher, vorwurfsvoller Mond, bei ihrem letzten und ersten Besuch in der Anstalt seit meinem zwanzigsten Geburtstag. Die Tochter in einer Anstalt! Das hatte ich ihr angetan. Dennoch hatte sie sich offenbar entschlossen, mir zu vergeben.

‚Wir werden da wieder anfangen, wo wir aufgehört haben, Esther', hatte sie mit süßem, märtyrerhaften Lächeln gesagt. ‚Wir werden so tun, als wäre das Ganze ein schlechter Traum.' Ein schlechter Traum.

Für den Menschen in der Glasglocke, leer und eingeschlossen wie ein totes Baby, ist die Welt selbst der schlechte Traum.

Ein schlechter Traum.

Ich erinnerte mich an alles ...

Vielleicht würde Vergessen, wie ein freundlicher Schnee, das betäuben und bedecken.

Aber das alles war ein Teil von mir. Es war meine Landschaft."

Auf alle Weise hat die Tochter den Roman, den sie unter Pseudonym erscheinen ließ, der Mutter gegenüber heruntergespielt: als Lehrlingsarbeit, bloß zum Geldverdienen geschrieben, und sie solle ihn erst gar nicht ansehen – wo doch die Mutter in der Regel jede Zeile von ihr zum Lesen erhielt.

Sie hatte es allzuoft erfahren und sich allzu sehr zu eigen gemacht: der Mutter Anrecht auf eine allzeit heitere, strahlende Tochter. Sie war buchstäblich zerrissen zwischen ihrem Wunsch, Mutters so berechtigte Ansprüche zu befriedigen – und ihrem eigenen, ebenfalls berechtigten Drang nach Ausdruck ihrer unzensierten inneren Welt.

Auch als Lyrikerin tastete sich Sylvia Plath mit ungeheurer Anstrengung vor zur Darstellung ihrer eigenen Welt, immer bedroht von Selbstzweifel, von der Lähmung ihres Schreibvermögens, von tiefster Niedergeschlagenheit – wenn die Zeitschriften und Verlage ihre Texte zurückschickten. Dabei fühlte sie sich immer unter dem Druck der Gewißheit, akzeptiert zu werden nur mit ihrem „idealen Ich", und nicht im Ausdruck ihrer „Landschaft". Schreibend erprobte sie den Ausdruck der nie zugelassenen Regungen. Schreibend erprobte sie, wie es klingt, wenn sie sich zunächst einmal sich selbst verständlich machen will. Ihre späten (aber was heißt „spät" bei einer Frau, die nur dreißig Jahre alt wurde!) Gedichte, im Bemühen um äußerste Deutlichkeit des Bildes, der eigenen Vision, bis zur Dunkelheit verschlossen erscheinend dem ersten Blick, werden zum genauen Gegenteil der früheren Geschichten für die Frauenzeitschriften, die auf einem happy ending bestanden.

Auch diese Schreib-Weise war ein Loslösen von den Musen, die mit der Mutter im Bunde waren. Das schreibt sie in einem Gedicht mit dem Titel „Die ruhestörenden Musen", in dem sie ihren nächtlich-dunklen, dem Unheimlichen geneigten Musen Treue hält („Ich lernte, ich lernte, ich lernte anderswo,/ Von Musen, die Du nicht bestellt hast, liebe Mutter") gegen die Verführungen von Mutters Geschichten, die immer glücklich enden mußten. Sylvia Plaths Gedichte – besonders die letzten, unter dem Titel „Ariel" auch ins Deutsche übersetzt – wagen es, so unangepaßt an die Erwartungen anderer zu sein, daß sie vor allem anderen zunächst einmal eines vermitteln: Hier revoltiert eine Frau gegen Teile der eigenen Geschichte und lernt langsam, ihre eigenen Erwartungen wahrzunehmen. Eine zornige junge Frau teilt mit, daß sie sich hier keinen Bereich verbieten läßt, daß sie sich kein Reservat „Literatur für Frauen" zuteilen läßt. Das so lange Zurückgehaltene, das sie ja auch fürchtete, schafft sich in ihren eigentümlichsten Texten Bahn, in einem präzisen Rausch von Bildern, fasziniert von Unheimlichem, Un-Heilem, von Aggressivität, von Tod und Blut, Wunden und Kälte, von Bitterkeit und großer Einsamkeit. Sie erweitert damit unsere Vorstellung von dem, was „weibliches Schreiben" auch sein kann.

Wieder einmal ist es für Außenstehende leicht, aus dem Abstand heraus zu erkennen, was die Lyrikerin im Bild der ruhestörenden Musen zu fassen versucht: daß sie ihre Angst und ihren Alptraum nicht im Namen eines ungetrübt blauen Himmels verleugnen will, daß sie zu ihnen als einer Quelle ihrer kreativen Kraft stehen wolle – und daß sie sich währenddessen doch stets bewußt ist der mütterlichen Wünsche und Vorstellungen von einer unbedrohten Welt für sich und ihr Kind.

Was für ein verständlicher Wunsch! Wer wollte sich anmaßen, dieser Mutter Schuld zuzuweisen dafür, daß sie ihr Kind lächelnd sehen wollte, lächelnd und zufrieden.

Aber in den an den Bruder gerichteten Briefen ist immer dringender die Bitte zu lesen: „Kannst Du Mutter jetzt vielleicht dazu bringen, daß sie aufhört, sich solche Sorgen zu machen?" ... Und: „Mit Dir kann ich wenigstens offen über unsere Pläne sprechen, mit Mutter geht das nicht. Sie macht sich Sorgen, und das mindeste, was wir für sie tun können, ist, ihr die Illusion einer gesicherten Existenz zu geben." Und: „Ich weiß genau, was ich brauche, was ich will, wofür ich arbeiten muß. *Bitte* überzeuge Mutter davon. Sie identifiziert sich viel zu sehr mit mir, und Du mußt ihr helfen, einzusehen, daß es das einzig Vernünftige ist, wenn ich mir mein Leben an dem schwierigsten Ort – hier – aufbaue und nicht davonrenne."

Daß Mutters Sorgen um das Leben und Schreiben der inzwischen 29jährigen Tochter an dieser nagen, ihr Kraft nehmen, statt sie – wie die nährenden drei Blutstropfen im Märchen – in der Fremde zu unterstützen, tritt sogar einmal in einem Brief an die Mutter selbst hervor:

„Erzähl mir nicht, daß die Welt etwas Heiteres braucht! Der Mensch, der aus Belsen kommt – physisch oder psychisch –, braucht keinen, der sagt, die Vögelchen zwitschern immer noch, er braucht das volle Wissen, daß noch jemand da gewesen ist und das *Schlimmste* weiß: einfach wie es dort war. Mir hilft es zum Beispiel sehr viel mehr, zu wissen, daß Leute geschieden werden und durch die Hölle gehen, statt etwas über glückliche Ehen zu hören. Über die laß das Ladies' Home Journal schwatzen."

Wie tief aber die Spaltung in ihr selbst war, die Spaltung in eine akzeptierte, liebenswerte Sylvia und eine abgewiesene, dunkle Sylvia, kann ein vergleichender Blick auf die Tochterbriefe der Malerin *Paula Becker* (später: *Modersohn-Bekker*) anschaulich machen. Auch diese Tochter ging einen Weg, den die Familie mißbilligte: Sowohl daß sie Malerin werden wollte, wie ihre Art zu malen, befremdete die Familie ebenso wie die Umwelt. Malen war für eine Frau eine brotlose Kunst. Auch diese Tochter war eine geliebte, liebende Tochter, wovon ihre Briefe Zeugnis ablegen. Wohlmeinend hatte die Familie von Paula gegen alle ihre Neigungen eine Erzieherinnen-Ausbildung gefordert und auch durchgesetzt. Sobald die Tochter diese absolviert hatte, wandte sie sich wieder ihrem Malen zu.

Worpswede, den 10. November 1899

„Liebe Mutter,
ich möchte Dir nur noch einmal schreiben, was ich Dir im Omnibus noch zurief: Sorge Dich nicht um mich, Liebe! Es tut nicht not, wirklich nicht, Liebe. Ich habe so den festen Willen und Wunsch, etwas aus mir zu machen, was das Sonnenlicht nicht zu scheuen braucht und selbst ein wenig strahlen soll. Dieser Wille ist groß, und er wird es zu etwas bringen. Bitte, bitte, laßt ihn dahin streben, wohin es ihn zwingt, er kann nicht anders. Rüttelt nicht daran, das macht ihn traurig und gibt dem Herzen und der Zunge harte Töne, die sie selber schmerzen. Harret noch ein Kleines in Geduld. Muß ich nicht auch warten? Warten, warten und ringen? Es ist eben das Einzige, was so ein armes Menschlein kann: Leben wie es sein Gewissen für recht hält. Wir können nicht anders. Und dadurch, daß wir sehen, daß unsre nächsten liebsten Menschen unsere Handlungen mißbilligen, erwächst wohl große Traurigkeit. Aber wir müssen eben wir bleiben, müssen, um so viel Achtung vor uns selber zu haben, als man braucht, um dieses Leben mit Freude und Stolz zu leben."

Als sie sich zur Freude der Familie mit dem Maler Otto Modersohn verlobte, verlangte die Familie als Vorbereitung auf den künftigen Hauptberuf als Ehefrau den Besuch einer Haushaltsschule in Berlin. Paula brach diese ihr verordnete Station nach zwei Monaten ab und schrieb aus Berlin am 8. März 1901:

„Meine liebe Mutter,
daß mein Wiederkommen ein so unangenehmes und gestörtes wird, macht mich sehr traurig. Es tut mir so sehr leid, Vater Unruhe zu machen; gerade, wo ich weiß, daß er in diesen Tagen nervöser ist denn je. Lieben, wie soll ich Euch es denn nur in Worten schreiben, wie es für mich gar keinen anderen Weg gibt, als nach Hause kommen. Ich möchte so sehr gern, daß unser Wiedersehen nicht trübe ist, das ist ja gar keine Gelegenheit, trübe und traurig zu sein. Von Anfang an habe ich zwei Monate für meinen Berliner Aufenthalt festgesetzt. Ich habe meine Zeit gut angewandt, Mutter. Nun geht es aber nicht länger. In mir schreit etwas nach Luft, das will sich nicht besänftigen lassen. Ich habe Euch das schon einmal in einem Brief geschrieben, den Ihr für einen Karnevalscherz hieltet. Ich führe hier ein Leben, das gar nicht mein Leben ist. Mein eigenster, innerster Mensch hungert, hungert nach Tiefe und Ruhe. Die Art, wie ich hier an die Kunst und an das herantrete, was für mein Leben das Höchste ist, wird mir durch die Verhältnisse veroberflächlicht. Es bedrückt mich so, daß meine Seele nicht freudig und angefacht unter ihnen gehen kann, wie sie es muß. Und jetzt heischt sie Freiheit von mir, und ich gebe sie ihr, ich halte sie nicht länger.

Es ist nicht nur Sehnsucht nach Otto Modersohn, die mich treibt, ich kann aber diese teppichklopfende Luft und hohen Häuser nicht mehr aushalten. Und warum? Ich habe hier ein großes Teil für den Haushalt gelernt. Daß ich nicht perfekt bin, weiß ich von selber. Aber dieses lernt sich ja auch nur in meinen eigenen Verhältnissen.

Liebe Mutter, ich schreibe Dir dieses alles, weil ich weiß, daß Du auch diese Stimme in uns kennst, die will. Und das ist unsere eigenste Stimme. Ihr gebe ich nach. Haltet es nicht für ruchlos oder herzlos. Ich kann nicht anders. Ich muß. Und daß ich dieses Muß in meiner Natur habe, dessen freue ich mich. Denn das ist der Instinkt, der sie leitet.

Liebe Mutter, mein Brief ist sehr verworren. Aber es erregt mich, daß ich Euch Ärger bereite. Ich schreibe Dir und hoffe, daß Du meine Worte in Deine liebe sanftere Sprache übertragen Papa sagen wirst, damit unser Wiedersehen ein nicht gestörtes wird. Es ist so traurig, daß Ihr Euch an mir ärgert. Da ist doch auch hin und wieder etwas zum Freuen an mir, ich meine noch außer meiner Verlobung.

Lies diesen Brief mit Milly durch und besprich ihn mit ihr, und versucht, Euch ein wenig in meine Seele zu versetzen, die nach Freiheit lechzt und ihre Fesseln sprengt. Es ist nicht Schlechtigkeit von ihr. Es ist auch nicht Schwachheit von ihr. Es ist Stärke. Es ist gut, sich aus Verhältnissen loszulösen, die einem die Luft benehmen.

Ich stehe hier, ich kann nicht anders. Amen.

Eure Paula."

Dies „männliche" Luther-Wort am Ende, dies Bekanntsein mit dem „eigensten, inneren Menschen", dies Bewußtsein von Stärke auch im Abweichen von der erwarteten, verordneten Tochter-Rolle, dies Bewußtsein von letztem Einverständnis sozusagen hinter allen Mißverständnissen – dies alles kannte Sylvia Plath auch, aber immer nur im Monolog von Tagebuch und Dichtung. In ihr waren die mütterlichen Wunschvorstellungen so stark, daß sie sich ihnen entweder unterwarf – oder sich nur im Haß von ihnen losreißen konnte. Beides aber nie für Dauer, beides immer nur zeitweilig.

Bis zum Ende wußte sie immer nur ein Gedicht lang, wer sie wirklich war – und daß ihre Stärke gerade darin lag, in ihre Verletzlichkeit hinabzusteigen und sie von innen zu akzeptieren, nicht von außen zu sehen mit den Augen der besorgten Mutter.

Und ich soll immer alles verstehen

Auch *Sibylle Muthesius* ist eine Mutter, die Texte ihrer Tochter herausgab, nachdem diese sich das Leben genommen hatte.

Auch hier geht es um das Bild, das die Mutter von der Tochter hat, und um die glücklich-glücklosen Anstrengungen der Tochter, diesem Bild zu entsprechen – und sich ihm zugleich zu entziehen. Sibylle Muthesius ist eine künstlerisch tätige, phantasievolle, gebildete Autorin: Sie hat Zitate aus der Weltliteratur hineingewoben in ihr Buch über die Tochter – dem sie den Titel gab: *„Flucht in die Wolken"* –, sie hat deren Briefe, Tagebuch-Eintragungen, Gedichte, gemalte Bilder versammelt und versucht, das Unbegreifliche begreiflich erscheinen zu lassen, für sich selbst und für andere: Wie alles so hat kommen können.

Das Buch beginnt so:

„Die Welt der Wolkenkinder. Fast ein Märchen.
Freundlich blickte das blaue Weltenall, auf dessen Thron die Göttin Horai saß, auf die Kinder der Wolken, die an den himmlischen Gewässern spielten und Regen und Tau auf die in der Sonne gleißende Kugel unter ihnen herabtropfen ließen.

Bis zu dem einen trächtig heißen Sommernachmittag, da sich die Wolken zu hohen, schwarzen Türmen häuften, um mit weit dröhnendem Getön aufeinanderzuprallen.

Da geschah es, daß einige der Wolkenkinder in sausendem Flug herabstürzten auf die schillernde Kugel, vorbei an silbernen Wassern, grünen Dschungeln, weißen Zacken, roten Schneefeldern und goldenen Ruinen, bis sie mit einem lauten Schrei auf eine Blumenwiese fielen.

Da lagen sie nun nackt und bloß inmitten einer mitleidlosen Natur. Erschreckt fragten sie ihre Mutter Horai: ‚Warum hast du das getan?' Die Göttin der Gezeiten jedoch hatte den jähen Schrei der Neugeborenen vernommen und wie alle Mütter Mitleid mit ihren Kindern bekommen und wollte ihnen helfen.

Sie sollten nur das Schöne und Gute auf dieser Welt sehen, alle Rosen sollten für sie blühen und alle Nachtigallen für sie singen, und die Liebe sollte so groß und mächtig sein, daß sie Leid und Tod überwindet.

So befahl die Göttin Horai ihren Winden, sie herabzutragen zu den kleinen Schreihälsen, legte ihnen eine Binde aus morgendlichem Wolkentau auf die Augen und stopfte ihnen Wolkenwatte in die Ohren, und für ihre Tränen errichtete sie inmitten der Seele einen Staudamm, um die Wasser so abfließen zu lassen, daß der schwache Körper keinen Schaden nehmen konnte.

Nun hören diese Kinder nicht mehr das Stöhnen der Hungernden und Frierenden, den gellen Schrei der Mordlustigen, den jähen Schrei der Liebenden, deren Liebe sich in Haß verwandelt hat, und den stillen Schrei derer, die ohne Liebe leben und auf den Tod warten.

Doch zu einigen dieser Neugeborenen ist die Himmelsmutter niemals gekommen. Hat sie diese vergessen, oder wollte die Göttin der Gezeiten, daß einige ihrer Kinder den dumpfen Kanonenschlag nicht für das ewige Lied der Meeresbrandung halten sollen? Für diese Kinder, die Wolkenkinder, bleibt keine Träne, die je in der Welt geweint, und kein Schrei, den sie je vernommen, vergessen. Sie laufen und laufen blindlings durch diese Welt und rufen verzweifelt nach dem Gott der Liebe, doch je lauter sie rufen, desto näher dringt der ferne Schlachtenlärm an ihre Ohren."

Das ist die Dichtung der Mutter, mit deren Hilfe sie Wesen und Schicksal der Tochter deutet: als eines vom Himmel gefallenen Wolkenkindes. Folgerichtig setzt sie über die Tagebuch-Eintragungen der Tochter, mit denen das erste Kapitel einsetzt, die Überschrift: „Tagebuch eines Wolkenkindes."

Was die Elfjährige für sich selbst aufgeschrieben hat – in ihrer rührend kindlichen Orthographie, die im folgenden beibehalten ist –, liest sich so:

„Dienstag, den 31. 3. 64. Weil Maja heute anfängt ein Tagebuch zu schreiben, habe ich auch Lust bekommen und will eins führen. Gestern war Ostern. Mutti hat eine Hollewutschaukel gekriegt. Ich finde das eigentlich ein bißchen täures Gescheng, aber man weiß nicht, was es im Schilde führt, zwischen Mutti und Pappi. Natürlich hat Pappi auch beide Feiertage Gäste eingeladen. Tüpisch Pappi! Ostern Gäste einzuladen, wo wir uns doch nicht oft sehen. Er hat natürlich auch meine berühmten Zeugnisse gezeigt.

Nicht von mir, sondern von Puppen, meinen Schulkindern, mit denen ich immer Schule spiele. Ich zähle sie nach der Beste auf: Heidrun, Bello, Reh, Zwerk, Winki, Monika, Hasi, Maja, Bleki, Renate, Ted. Zu den Zensuren gebe ich immer Beurteilungen:

Reh ist ein sehr ruhiges Mädchen, sie muß es noch lernen sich richtiger auszudrücken und die Hemmungen bei der Mitarbeit zu unterdrücken.

Zwerk Du dürftest mit diesem Zeugnis nicht zufrieden sein. Verliere Dein Selbstvertrauen nicht, Du kannst viel mehr! Mehr Willen und Eifer könnten Deine Leistungen steigern.

Heidrun gehört zu den besten Schülern der Klasse, ihre Aufgeschlossenheit im Unterricht und auch zu Schülern und Lehrern bringen ihr einen hohen Gewinn. Ihre Mitarbeit ist lobenswert.

Ich finde das richtig schräglich, daß Pappi das jedem zeigt. Das macht er aber nicht nur mit den Zeugnissen so. Er macht es auch mit einem Gedicht, das ich gedichtet habe. Ach, doch nicht gedichtet, gesponn. Es soll so was heißen, und ist nichts. Es ist ziemlich lang. Ich will es aber trotzdem einmal aufschreiben:

Der Mond ist hell,
Die Sonne ist hell.
Die Welt ist trotzdem dunkel!
Was ist das für eine Welt?
In Armut, Kummer war's gesinnt.
Stimmung der Vergangenheit
Der Bessere steht im Verdruß,
ihm gilt es nicht zu leben,
die Schlechten sind im Überfluß,
der Welt hier her gegeben.

In Gruppen steht man da
und weiß nicht wo die Heimat ist.
Die Zukunft, niemand ist es klar,
man weiß nicht wo man heute
schläft,
wie soll man es erst morgen wissen?
Der Weg ist vorgesetzt ...

Man steht in Tabellen,
Wie Tiere, die durch Nummern
verzeichnet sind.
Das ist kein Leben,
das ist hausen.

Man traut sich nicht ein

Wort zu widersprechen
Die Welt ist kalt für uns,
der Wind fegt.
Die Sonne scheint nie mehr
so hell,
es ist kalt das Leben. (...)"

Nicht nur die Mutter, auch die kleine Tochter dichtet; das mütterliche Deutungsmuster vom Wolkenkind möchte auch dies Gedicht der Tochter – von ihr selbst als „Gesponnenes" heruntergespielt, vom Vater stolz Fremden vorgezeigt – jeglichen Bezugs zur realen Erfahrungswelt der Tochter Pony entkleiden: So leiden eben Wolkenkinder.

Und dabei hält Pony schon in der ersten der wiedergegebenen Tagebuch-Eintragungen ihr höchst irdisches Grundproblem fest: „Man weiß nicht, was es im Schilde führt, zwischen Mutti und Pappi". Die sonst so wortmächtige, analytisch vorgehende Mutter faßt sich erstaunlich kurz, wenn es um ihren Mann Georg geht, – offenbar ein bekannter Wissenschaftler und hoher Funktionär mit Macht und Einfluß (die Familie lebt in der DDR; das Buch ist nur dort erschienen). Im Wolkenkind-Märchen läßt die Autorin gar keinen Vater auftreten, und dabei war der Vater für die Tochter entscheidend wichtig. Überhaupt übergeht die Mutter das häusliche Klima mit einer Handbewegung, benennt es nonchalant: „Halt so eine moderne Ehe", und: „Diese Hin- und Her-Ehen mit Auseinanderrennen und Doch-nicht-getrennt-leben-Können sind heute nichts Besonderes." Für ein Kind sind die eigenen Eltern und deren Lebensform immer etwas „Besonderes", und je undurchsichtiger kompliziert sie sind, desto notwendiger wären Interpretationshilfen für das Verständnis der Tochter. Noch die fünfzehnjährige Pony forscht die Großmutter aus: „Was ist zwischen Pappi und Mutti los?", um als Antwort zu erhalten: „Das kann man mit einem Wort so nicht sagen . . .". Aber auch mit vielen Worten versucht die Autorin nicht, es zu sagen. Das Leiden am Wechselbad zwischen intensiver Zuwendung und langen Zeitstrecken, in denen Pony gänzlich sich selbst überlassen bleibt, steht zwischen den Zeilen solcher Tagebuch-Aufzeichnungen:

„24. 5. 64. Als wir dann endlich wieder nach Hause fuhren, hat Pappi uns von der Bahn abgeholt, aber am nächsten Morgen, als wir aufstanden, war er zum Frühstück nicht da und kam fast gar nicht mehr, viele, viele Monate lang. Wo er war, das weiß ich ja auch nicht. Und jetzt ist alles schon so lange her, und noch ist keine Ruhe. Pappi gibt Mutti überhaupt keinen Kuß mehr. Sie denken bestimmt, wir wissen ja doch alles und so zu spielen, hätte keinen Zweck mehr.

18. 2. 1965. Schon lange habe ich nichts mehr eingeschrieben. Gestern sind Pappi und Mutti von der CSSR zurückgekommen. Pappi fährt gleich weiter nach Kairo. Es war so schöne Ruhe im Haus und jetzt, nur eine Aufregung und ein Gehetze. Pappi sagt immer das wir zu ihm kommen sollen, aber wann? Ich finde das schräklich. Die Kairofahrt kann auch gefährlich sein."

Beide, Mutter und Tochter, verfügen nicht nur über eine ausgreifende poetische Lust, beide sind zugleich schulischen Leistungsmessungen gegenüber unkritisch, ja voll Sympathie:

Genauso wie die Tochter am liebsten das Zeugnisspiel mit ihren Puppen spielt und sie „nach der Beste" ordnet, genauso unterbricht die Mutter nach drei Seiten die Tagebuch-Eintragungen der Tochter, um keinen Zweifel an der „Beste" der Tochter im Klassenverband zu lassen und dann genauso genießerisch die töchterlichen Beurteilungen zu zitieren, wie es die Tochter mit ihren Puppen treibt:

„Ich, Ponys Mutter, möchte hier einmal unterbrechen. Die Beste der Klasse" (das hatte Pony geschrieben) „mit *den* orthographischen Fehlern? Ich sehe schon ein bedenkliches Lächeln auf einigen Gesichtern: Also in der Kindheit schon Neigung zu Selbstüberschätzung ... Sehen wir uns einige von Ponys Zeugnissen an:

Klasse 1 a, Gesamteinschätzung: P. ist eine stille, fleißige Schülerin. Wenn sie noch mehr aus sich herausgehen würde, wären ihre geistigen Fähigkeiten ein größerer Gewinn für sie und die gesamte Klasse.

Klasse 4 a: P.'s gleichbleibender Fleiß, ihre stete Aufmerksamkeit, ihre durchdachten Antworten sind den anderen ein Vorbild. Als beste Schülerin der Klasse erhält sie eine Auszeichnung. Durchschnitt 1,1."

Die Herausgeberin-Mutter stellt diese Bewertungen und Beurteilungen des Lehrers neben Ponys Tagebuch-Eintragungen und Briefe, als seien sie gleichrangig, gleich authentisch, Teil von Ponys Person.

Die abgedruckten Briefe an den älteren Schulfreund Peer lassen keinen Zweifel, daß für die sechzehnjährige Pony hier die wichtigste Beziehung war, ihr emotionales Zuhause. Beim Lesen hätte ich Pony gern dafür um Verzeihung gebeten, so einzudringen in ihre tiefsten, innigsten Regungen. Die Herausgeberin teilt diese Bedenken offenkundig nicht.

Am Mittagstisch muß sich Pony zu Hause weiter wie ein unmündiges Kind fühlen, jeder Taktlosigkeit ausgesetzt, Objekt väterlicher Verfügungsgewalt je nach Stimmung. Die Mutter notiert:

„Einige Wochen später brachte Pony beim sonntäglichen Mittagessen hervor: ‚Peer hat sein Abi mit Auszeichnung gemacht, er darf dafür ans Schwarze Meer, da wollen wir zusammen fahren. Viel Geld brauchen wir nicht, wir trampen ...‘

Georgs (des Vaters) Donnerwetter prasselte auf sie nieder: ‚Mit sechzehn Jahren 'ne Hochzeitsreise, durch halb Europa landstreichern, was ihr euch so vorstellt ...‘ Schweigend zog sie in ihr Zimmer ab. Einige Tage später rief Peers Mutter, die wir bis dahin noch nicht kannten, an: ‚Peer hat mir erzählt, daß Pony sehr niedergeschlagen ist, er weiß nicht, wie er sie beruhigen soll. Sie müssen wissen, es handelt sich hier um eine ganz reine Jugendliebe. Peer erzählt mir alles, ich weiß es ganz genau ...‘ Und dann auf einmal die Wende. Georg traf irgendeine überschwengliche Journalistin, sie unterhielten sich über die Probleme mit ihren Kindern, über diesen Reiseplan, und die riet ihm: ‚Lassen Sie sie doch fahren, vielleicht wird es die schönste Reise ihres Lebens!‘ Auf Ponys Geburtstagstisch lag dann ein Kuvert mit ein paar hundert Mark darin und einer Karte: ‚Gute Fahrt zum Schwarzen Meer! Ich finde die Idee prima!‘“

Kein Kommentar, kein Eingreifen der Mutter: Sie ist von der Übermacht des Mannes genauso erstarrt fasziniert wie die Tochter.

Wie gehen die Erwachsenen mit der Sexualität ihrer Kinder um?

Auf dieser Reise nach Bulgarien ist „es“ (wie die Mutter sich ausdrückt, mit Gänsefüßchen) dann offenkundig „passiert“ – was im Wort des Vaters von der „Hochzeitsreise“ ja von Anfang an im Raume stand. Die Liebe zu Peer wird von der Mutter als „Wolkenkindliebe“ etikettiert und nie wahrgenommen in ihrer ganzen Schwere und Tiefe, nie verstanden in ihren Beeinträchtigungen durch die begrenzten, demütigenden, von Scham gestörten Möglichkeiten, diese Liebe sexuell erleben zu können. Peers Mutter baut die Fiktion der „ganz reinen Jugendliebe“ auf, mit der unausgesprochenen Abwertung sexueller Zärtlichkeit als „unrein“. Ponys Mutter ist mißtrauisch und enttäuscht im Hinblick auf Sexualität, geht leicht verächtlich mit ihren Worten darüber weg. Die bewunderte, verehrte Tante, die das Haus führt in der häufigen Abwesenheit der Eltern, eine zweite Muttergestalt, mahnt Pony bedeutungsschwer: „Ich kann mich doch auf Dich verlassen?“, sobald sie das Haus verläßt und Pony und Peer alleinläßt.

Ein fundamental wichtiger Bereich muß von Pony ohne Entdeckerfreude erprobt werden, im Bewußtsein von Mißbilligung, Verurteilung ihrer Umwelt. Im mütterlichen Wolkenkind-Märchen wird dieser Bereich ebenso unterschlagen wie die Macht des Vaters: „Ganz zügellos und drastisch“ nennt ihn die Tochter und wirbt zugleich hoffnungslos um seine Anerkennung. Die kluge, mit der Weltliteratur so gut bekannte Mutter ist mit sich selbst so unbekannt, daß sie nicht einmal den Gedanken erwägt, wie sehr das Ausmaß ihrer eigenen schlechten Erfahrungen die Gefühle der Tochter beeinflussen könnte. Sie notiert den Aufschrei von Pony: „Ihr wißt ja nichts von mir!“ nur als Ausdruck von Ungerechtigkeit in krankhafter Verwirrung.

Denn Ponys Körper erweist sich als unbestechlicher Zeuge und spricht unverstellt aus, wie diese Tochter sich fühlt: als ein Objekt, über das verfügt wird. Sie verfällt in eine jähe Bewegungsstarre, scheinbar aus heiterem Himmel; aus dem sportlichen Mädchen wird im Laufe kurzer Zeit eine Patientin von Kliniken und ihren psychiatrischen Abteilungen.

Und die Mutter, die in unermüdlicher Bemühung Pony von Krankenstation zu -station begleitet, alarmiert und aufs äußerste ratlos, findet Beruhigung, wenn wenigstens eine Charaktereigenschaft noch an die Pony von früher erinnert. Die Mutter notiert:

„Trotz Ponys Niedergeschlagenheit, trotz ihrer Bauch- und Kopfschmerzen, Angst vor der Schule, trotz ihrer Bokkigkeit und Abwesenheit, ihres Hin- und Hergerissenseins zwischen Tag und Traum, bekam sie für zwei Aufsätze eine Eins und für einen mündlichen Vortrag über Michelangelo sogar zwei Einsen." Die Mutter druckt den Aufsatz ab und danach die Einzelnoten: „Aufbau und Gestaltung: 1; Ausdruck: 1" (das sind die beiden Einsen), aber dann folgt: „Grammatik und Orthographie: 5; Aufsatz: 4".

Sie fährt fort: „Pony hat diesen Aufsatz zu Hause nie gezeigt. Eine Vier ist für sie wie ein Todesurteil."

Das ist mehr als eine Metapher: Leistungen, Noten konnten, wenn sie nicht „die Beste" dokumentierten, zum Todesurteil werden. Schon einmal hatte eine Tochter, Sylvia Plath, von Noten als dem „schwarzen Moloch" eines Lebens gesprochen – eine Tochter, die sich selbst auch nur liebenswert finden konnte, wenn sie „ausgezeichnet" dastand. Und Ponys Lebensgeschichte ist zwar kürzer, endet aber nicht viel anders als die von Sylvia Plath. Sie beendet ihr Leben mit neunzehn Jahren, nach der vom Vater gewaltsam herbeigeführten Trennung von ihrem Freund Peer – in dem der Vater den Keim allen Übels sah –, nach vernichtenden Erfahrungen in psychiatrischen Anstalten, nach Erfahrungen des Scheiterns, auf die sie nie vorbereitet worden war. Sie war nur vorbereitet worden auf das Einsammeln von Einsen.

Die Mutter hatte einmal versucht, ihre eigene Lebensgeschichte der Tochter als ein Beispiel für Enttäuschungen vor Augen zu halten. Wieder spricht sie aber nicht offen über Liebe, über Sexualität – sie spricht über ihre Arbeit als Bühnenbildnerin.

„Nun fange ich an, ihr von meinem Leben zu erzählen: daß nicht immer alles glatt ging, daß ich mit Neidern zu kämpfen hatte, die nicht eher ruhten, bis sie mich fix und fertig gemacht hatten ... Monatelang hatte ich mit Feuereifer Tag und Nacht an Entwürfen für die Ausstattung von ‚Aida' gearbeitet, bis mich dann ein anderer herausgedrängt hatte. Damals zweifelte ich an meinem Können. Jahre später sah ein bekannter Maler diese Blätter, betrachtete sie mit außergewöhnlichem Interesse als etwas ganz Besonderes, fragte mich, wie ich zu dieser neuartigen Farbgebung gekommen sei, indem ich kranke Farbtöne zusammensetzte, was nur durch die Unterbrechung von Goldkonturen möglich war ...

Pony ist äußerlich ruhig, aber innerlich sehr erregt während meiner Erzählung, die ungefähr eine halbe Stunde dauert, und bringt dann seufzend hervor: ‚Und ich soll immer alles verstehen!'"

Dies ist kein Buch der Trauer einer Mutter geworden. Dazu hätte sie ihr Kind zuerst einmal wenigstens im Rückblick wahrnehmen müssen, nackt und bloß, ohne mythische Einkleidung. Nur ihre Leistungen hatte die Tochter liebzuhaben gelernt – nicht sich selbst.

Aber: Wer will den ersten Stein werfen?

Was weißt denn Du von mir?

Auch in *Christa Wolfs* Versuch, „Kindheitsmuster“ im Rückblick aufzudecken, spielt die Ähnlichkeit mit der Mutter hinein, wie eine Flamme, die aufhellt – und die rasch wieder erstickt wird von der Tochter. „Wie du mir ähnlich bist, ach, wenn du wüßtest!“ sagt Charlotte Jordan in Christa Wolfs Roman zu ihrer Tochter Nelly. Und die erwachsen gewordene Nelly, die Erzählerin, muß es zugeben: „daß der Zwang, sich der Gesten, Blicke, Worte der Mutter zu bedienen, sich mit dem Alter verstärkt. Sie ertappt sich bei Nachahmungen, die sie nicht für möglich gehalten hätte.“

Als Kind hingegen grenzte sich Nelly früh schon als eigenständige Person von der Mutter ab.

Sie erzählt als ihre allererste Erinnerung an das Kind Nelly: „... wie es da vor seines Vaters Ladentür saß und in Gedanken das neue Wort ausprobierte, ICH ICH ICH ICH ICH, jedesmal mit einem lustvollen Schrecken, von dem es niemandem sprechen durfte. Das war ihm gleich gewiß.“

Die erste Erinnerung steigt also zusammen mit dem Bewußtsein der Einsamkeit auf. Kein freudiges Laufen zur Mutter mit dem stolzen Vorführen der Leistung eines neuen Wortes und eines neuen Bewußtseins. Es war ihr „gleich“ zweifellos, gewiß, daß sich niemand mit ihr daran freuen würde. Sie erlebt es selbst als ersten Schritt der Selbständigkeit:

„Nelly hat nun hineinzugehen, langsamer als gewöhnlich, denn ein Kind, das zum erstenmal in seinem Leben einen Schauder gespürt hat, als es ICH dachte, wird von der

Stimme der Mutter nicht mehr gezogen wie von einer festen Schnur."

Dieses Kind ist sich schon früh der Spaltung bewußt, die sich andere Kinder erst spät eingestehen: der Spaltung in das „ehrpusselig" dreinschauende, von der Mutter als auffallend wahrheitsliebend bezeichnete Kind und das Kind, das seine wichtigsten Einsichten und Wahrheiten für sich behält und mit Worten abstreitet.

„Nelly ist sich darüber klar, daß sie in mehrere Kinder zerfällt, zum Beispiel in ein Vormittags- und ein Nachmittagskind. Und daß die Mutter, die das sauber gewaschene Nachmittagskind an die Hand nimmt, um mit ihm an einem ihrer seltenen freien Nachmittage konditern zu gehen, von dem Vormittagskind nicht die blasseste Ahnung hat."

Die Mutter wiegt sich in dem Glauben:

„Du bist für mich durchsichtig wie eine Fensterscheibe."

Jeden Abend sitzt sie am Bett des Kindes und will es genau wissen: „Du weißt doch, daß du mir jeden Abend alles sagen sollst." Nelly ist sich schon in jungen Jahren – so meint die rückblickende Erzählerin jedenfalls – mit der Spaltung auch der Heuchelei bewußt, mit der sie der Mutter unschuldsvoll ins Auge blickt und „frech lügt: Alles, ja! Und dabei heimlich zu wissen: Niemals mehr alles. Weil es unmöglich ist."

Andererseits hat die Mutter recht mit dem Betonen von Nellys Wahrheitsliebe: Denn auch diese Tochter fühlt sich nie gut genug, nicht wirklich liebenswert. Sie wäre gern ihre eigene Seele los, um der Mutter dreist in die Augen lügen zu können, ohne bittere Reue hinterher.

Und es gibt noch ein Andererseits: Andererseits ist die eher anspruchsvolle, rechtliche Mutter, die das Innenleben ihres Kindes hell ausleuchten will mit ihren Fragen, zu Nellys Enttäuschung dann wieder allzu anspruchslos und bereit, sich mit dem schönen Schein zufriedenzugeben. Als vielbeschäftigte Geschäftsfrau hat sie gar keine Zeit, wirklich hinter die Kulissen schauen zu wollen.

Als Nelly sich einmal – wie sie selbst meint, aus purer Bosheit – eine Holzperle in die Nase gesteckt hatte, die vom Arzt herausgeholt werden mußte, wurde sie zu ihrer Beschämung nicht dafür bestraft, sondern gelobt. Sie erfuhr, „sie habe sich tapfer gehalten. Nicht geklagt, nicht geweint, nichts. Der Mutter schien es wohlzutun, ihre Tochter ‚tapfer' zu nennen. Es lag ihr nichts daran, zu erfahren, wie sie in ihrem innersten Innern war. Nelly hatte das trostlose Gefühl, daß auch der liebe Gott selbst an dem tapferen, aufrichtigen, klugen, gehorsamen und vor allem glücklichen Kind hing, das sie tagsüber abgab. Wörter wie ‚traurig' oder ‚einsam' lernt das Kind einer glücklichen Familie nicht, das dafür früh die schwere Aufgabe übernimmt, seine Eltern zu schonen."

Diese Schonung will die Erzählerin fahrenlassen, sie will die Dinge beim rechten Namen nennen und stellte ihre Geschichte als Lern-Geschichte dar. Was sie vor allem anderen als Gelerntes herauspräpariert, ist: Verstellung. Und: sich selbst dafür herzlich verachten.

Was sie als Nelly damals eingeübt hat, muß sie nun schreibend wieder ver-lernen, indem sie es aufdeckt, Schicht für Schicht. Was verstellt worden ist, will sie im Aufdecken geradestellen. Kein Wunder, daß es auch bei ihr nur zu einem stockenden, immer wieder abgebrochenen Erzählen kommt. Immer wieder fällt ihr eine Instanz beim Erinnern ins Wort, die mißtrauisch die Überlieferungen in Familienanekdoten und die Deutung von Fotos, alle die liebgewordenen Dramatisierungen, Beschönigungen und Verharmlosungen beiseiteschiebt.

Die Tochter als Erzählerin ist, wie ausnahmslos alle unsere schreibenden Töchter, um größtmögliche Wahrhaftigkeit bemüht. Auch beim Bild der Mutter. Bei sich selbst ja ohnehin: Wie schonungslos vergleicht sie ihre Anpassungsleistungen mit der Aufrichtigkeit ihrer Begleiterin bei der Reise in die Heimat der Kindheit: ihrer Tochter Lenka.

Die Frau, die damals das Kind Nelly war, bemüht sich im Rückblick, der Mutter von damals Gerechtigkeit widerfahren zu lassen. Das heißt: Sie erkennt an und lobt, was des Lobes und der Anerkennung wert ist, alle die Leistungen dieser Frau, die tatkräftig und couragiert den Lebensmittelladen allein weiterführt, als der Mann im Krieg ist. Das heißt aber auch: Sie sucht die Wahrheit zu ermitteln auch dort, wo die Mutter wohl – wie früher – pietätvolles Zudekken vorgezogen hätte.

Die Autorin demonstriert, daß es wirklich einem Verstoß gegen die guten Sitten nahekommt, wenn eine Tochter die Wahrheit über die Stationen ihres Aufwachsens und vor allem über ihre Mutter zutage fördern und niederschreiben will.

Im Zuge der Erinnerungsarbeit muß sie trüben, ja: zerstören, was die Erzählerin „Übereinstimmungsglück" nennt. Und damit überführt sie das scheinbar rein familiär-private Geschehen seiner politischen Bedeutung: Übereinstimmungsglück glänzte nämlich damals auf den Gesichtern der Eltern, als endlich auch sie Hitlers Partei beitraten, um endlich „dazuzugehören". Daran wurde auch nicht „getippt", dazu wurden auch keine Fragen erwartet und keine gestellt, dem wurde auch nicht auf den Grund gegangen damals.

„Nelly ist wohl ein bißchen unnahbar geworden. Ein bißchen verschlossen. Denkt wohl zuviel, man weiß nicht recht, was. Charlotte Jordan, die die Schublade kannte, in der die Tochter ihr Tagebuch verwahrte, mochte besser informiert sein. Doch was sie da zu lesen kriegte, besprach sie wohl kaum mit ihrem Mann. Das Wort ‚Konzentrationslager' hat Nelly – in der volkstümlichen Variante als ‚Konzertlager' – mit sieben Jahren gehört, ob zum erstenmal, muß ungeklärt bleiben. Der Mann der Kundin Gutschmitt war aus dem Konzertlager entlassen worden und sprach mit keinem Menschen ein Wort. Warum nicht? Wird wohl was haben unterschreiben müssen. (So Heinersdorf-Großvater.) Was denn unterschreiben? – Ach Kind. Was weiß denn ich. Auch kein Fragesatz. Kein Satz, der eine Frage zuließ. Doch eh du dich auf die Vorgeschichte der unterbliebenen, unterbundenen Fragen einläßt – aussichtsloses Unterfangen –, beendest du endlich jene angefangene Szene, ob du scharf darauf bist oder nicht. Immer noch stehen die Eltern an Nellys Bett, um sie an einem freudigen Ereignis teilhaben zu lassen. Nelly blickt direkt in ihre Gesichter, die, das sei wiederholt, ‚leuchteten'".

Leuchten bei der Mitteilung vom Eintreten in eine besonders von der Mutter längst als gewalttätig eingestufte Partei – im Übereinstimmungsglück.

Es mag nun verständlicher sein, woher das Dringende in dem Verlangen der Erzählerin rührt, wenigstens im Rückblick die Verstellung einzugestehen, nichts unbefragt, ungesagt zu lassen – wenn auch das Übereinstimmungsglück mit Kindheit und Eltern dabei auf der Strecke bleibt. Das ist ihre einzige Chance der Veränderung, der Wiedergutmachung, als Beispiel für einen neuen Anfang für *ihre* Tochter und deren wache Augen. Die soll nicht immer alles verstehen müssen – die soll wirklich verstehen dürfen.

Deshalb deckt die Erzählerin auch nicht mit dem Schleier des Vergessens zu, was ihre Mutter an einem bitterkalten Januartag des Jahres 1945 getan hat: Die russische Armee stand in unmittelbarer Nähe, und alles war schon in Auflösung begriffen, zur Flucht bereit.

„Man will abfahren, macht schnell, es wird spät. Nelly, schon im Lastauto, streckt den Arm aus, ihrer Mutter noch hereinzuhelfen. Die aber tritt plötzlich zurück, schüttelt den Kopf: Ich kann nicht. Ich bleibe hier. Ich werde doch nicht alles im Stich lassen."

Alles – das war das Haus und der Laden. Alles – das waren nicht Tochter und Sohn. Die ließ sie wirklich losfahren, mit den Verwandten im Lastwagen, und blieb zurück. Nach vier Wochen größter Mühsal holte sie sie dann allerdings wunderbarerweise wieder ein. Aber den Schock hat die Tochter nicht verwunden.

Der Leserin fällt auf, daß die Autorin sich gern redensartlicher Wendungen bedient – in diesem Roman wie in anderen –, die sie als das Eigentümliche der mütterlichen Redeweise hervorhebt: diese Vorliebe für sprichwörtliche Wendungen, gern derb und deftig („Mit Gewalt ist kein Bulle zu melken"), „unverblümt" und allem Schönfärben abhold, nie um den heißen Brei herumredend, mit einer zuweilen geradezu finster anmutenden, direkten Aufrichtigkeit. Die Dinge beim rechten Namen nennen – das ist im großen und ganzen charakteristisch für Charlotte Jordan (und deshalb muß ihr leuchtendes Einverständnis beim Partei-Eintritt die Tocher besonders verwirren). Eine der Heldinnen in Christa Wolfs Büchern heißt „Kassandra" – und die Autorin stellt heraus, daß deren Sehergabe im Grunde in nichts anderem bestand als darin, mutig zu sagen, was sie vor Augen hatte. Also: unverstellt. Den Namen „Kassandra" legt die Autorin ein-, zweimal auch der Mutter der „Kindheitsmuster" zu, und das ist eine Auszeichnung in ihrem Munde. Der Vater rügt diese „Schwarzseherei" ...

Die Mutter war eine im Praktischen tüchtige und darüber hinaus vielfältig begabte Frau. Sie gehörte zu denen, die wegen ihrer Armut nicht das in sich entfalten konnten, was in ihnen steckte – was schon, ebenso, für ihre Mutter gegolten hatte.

Das Eigentümliche ihrer Tochter zu erkennen, war ihr verwehrt. Und so träumt die Erzählerin diesen Traum, den sie zu Beginn des Buches von der Suche nach der unverstellten Kindheit erzählt. Sie hatte sich hinlegen müssen, ermüdet von den Skrupeln und ganz handfesten Widerständen angesichts ihres Vorhabens, am „hellerlichten Vormittag", wie sie in einer der redensartlichen Wendungen der Mutter sagt. Sie träumt:

„Da kommt deine Mutter und setzt sich, obwohl sie ja tot ist, zu euch allen in das große Zimmer, ein insgeheim erwünschter Vorgang. Die ganze Familie ist versammelt, Lebende und Tote. Du bist die einzige, die die einen von den anderen unterscheiden kann, mußt aber selber in die Küche gehen, den großen Abwasch machen. Die Sonne scheint herein, aber du bist traurig und verschließt die Tür, damit niemand kommen und dir helfen kann. Plötzlich ein Schreck bis in die Haarspitzen: Auf dem Tisch im großen Zimmer, das Manuskript, auf dessen erster Seite in großen Buchstaben nur das Wort ‚Mutter' steht. Sie wird es lesen, wird deinen Plan vollständig erraten und sich verletzt fühlen ...".

Die Mutter hat Verstellung und Spaltung der Tochter begünstigt, vielleicht gefordert – soviel ist sicher.

Der außenstehenden Leserin scheint es aber ebenso sicher, daß die Mutter gerade mit ihren Kassandra-Zügen den Keim dafür in die Tochter gelegt hat, ein Manuskript zu schreiben, das die Verstellungen aufdeckt und von dem sie sich verletzt fühlen muß. Und deshalb hat das Wort „Mutter" auf der ersten Seite, in großen Buchstaben, seinen guten und tiefen Sinn.

Marie Cardinal, die Autorin des Buches *„Schattenmund"* – „Roman einer Analyse" – hätte es nicht aus eigener Kraft geschafft, schreibend die dunklen Zonen ihrer Vergangenheit aufzuhellen. Sie widmet ihr Buch ihrem Therapeuten: „Für den Doktor, der mir half geboren zu werden." Wieder einmal erscheint der Therapeut, wie die Therapeutin, als Mutterfigur: Die Autorin erlebt ihn sogar als den, der ihr zur wirklichen Geburt verhalf; und der ganze Roman handelt von dem, was vor dieser Geburt lag, ihrer „Vorgeschichte". Es muß – das geht aus dieser gewichtigen Widmung hervor – eine ungeheure Erleichterung sein, angenommen zu werden unter einer einzigen Bedingung: der schonungsloser Offenheit, vollständiger Aufrichtigkeit. Denn dies gehörte ja zu den Lektionen, die die Mehrzahl der hier versammelten Töchter frühzeitig gelernt hat: Gehorchen und Geliebtwerden ist eins; und es empfiehlt sich nicht nur, es ist sogar dringlich ratsam, die ohnehin vom Leben nicht geschonte Mutter nicht noch weiter zu belasten mit Gedanken, Gefühlen und Erfahrungen, die ihr Sorgen machen und Aufregungen verursachen müßten.

Für alle diese Töchter könnte diese eine sprechen:

„Angela wollte der Mutter auf keinen Fall Kummer bereiten und an ihrem betrübten Gesichtsausdruck schuld sein, deshalb lernte sie folgsam, ihre eigenen Ängste, Beklemmungen und Alpträume zu verbergen, um die Mutter um so besser abschirmen zu können. Die Mutter nahm sie in die Arme und trocknete ihr die Tränen, ohne jemals zu wissen, weshalb sie weinte, und bald lernte Angela, auch diese Beweise ihres Unglücks zu unterdrücken. Die Mutter erfuhr nie, daß Angela als Zehnjährige in der Schule fälschlich des Diebstahls bezichtigt und von einer übereifrigen Direktorin einem schlimmen Verhör unterzogen wurde. Die Direktorin hatte sich nicht einmal entschuldigt, als die wahre Schuldige gefunden wurde. Die Mutter erfuhr nie, daß der Schwimmunterricht ihr Höllenqualen bereitete."

Die Autorin Marie Cardinal erzählt, daß sie erst einmal lernen muß, *ihre* Worte zu finden, das heißt: Sie muß erst einmal sprechen lernen. Auf Französisch heißt ihr Buch „Les mots pour le dire", auf Deutsch wäre das etwa: Die Worte, mit denen ich es sagen muß. „Es" – das ist das nie zuvor in Worte Gefaßte, das Gespürte, quälend Vage eigener Erlebnisse, die nicht zu Erfahrungen, nicht zu Teilen der eigenen Geschichte werden konnten.

„Reden, reden, reden, reden.

‚Reden Sie, sagen Sie alles, was Ihnen im Kopf herumgeht. Versuchen Sie, nicht zu sortieren, nicht nachzudenken. Versuchen Sie, die Sätze so, wie sie Ihnen einfallen, herauszulassen. Alles ist wichtig, jedes Wort zählt'. Das war das einzige Hilfsmittel, das er mir anbot, und gierig nahm ich es an."

Es kann kein Zufall sein, daß auch in dieser Tochter-Geschichte wiederkehrt, was zum Grundmuster auch anderer Kindheiten gehört: Wieder einmal vollziehen wir nach, wie mühselig es ist – eine richtige Arbeit –, das Verlernte oder nie Gelernte neu zu lernen: das Innere wirklich zu öffnen, die Masken abzulegen. Wie Puzzle-Steinchen muß es zusammengesetzt werden, aus vielen zunächst unzusammenhängenden Bildern, Eindrücken und Gefühlen – gegen die sich die Gewohnheiten zunächst auflehnen –, bis das allmählich zutage tritt, was das Kind einst geprägt hatte, was sich ihm eingeprägt hatte. Es mußte unsichtbar bleiben, sobald es nicht im Einklang war mit der Liebe zur Mutter, mit der Liebe der Mutter.

„Meine Worte waren Puzzlesteinchen, mit deren Hilfe ich das Bild eines kleinen Mädchens rekonstruierte, das wohlerzogen an einem großen Tisch sitzt, die Hände rechts und links neben dem Teller; das sich geradehält, ohne die Stuhllehne zu berühren. Ganz allein sitzt sie einem Herrn mit Schnurrbart gegenüber, der ihr lächelnd eine Frucht herüberreicht. Die Salzfäßchen aus Kristall mit silbernen Stöpseln, das Sèvres-Porzellan, die Klingel, die vom Lüster herabhängt: es ist eine rosa Marmorkugel, auf der Colombine und Pierrot darauf warteten, sich beim Knopfdruck küssen zu dürfen, worauf es unten in der Anrichte schellt.

Die Worte machten die Szene wieder lebendig. Ich war wieder das kleine Mädchen. Als das Bild sich verwischte und ich wieder die Frau von dreißig Jahren wurde, fragte ich nach dem Warum dieser sittenstrengen Haltung: den braven Händen neben dem Teller, dem Verbot der Stuhllehne. Warum diese Scham, diese Verlegenheit vor meinem Vater? Wer hatte mir das alles eingedrillt, und warum? Ich lag auf der Couch, hielt die Augen weiter geschlossen, um das kleine Mädchen noch ein wenig bei mir zu behalten. Ich war wirklich sie und gleichzeitig ich. Jetzt war alles einfach und leicht zu verstehen. Allmählich zeichnete sich klar der Einfluß meiner Mutter ab.

Nun begann ich, über meine Mutter zu sprechen und hörte bis zum Ende der Analyse nicht mehr damit auf.

Im Laufe der Jahre bin ich in sie hineingekrochen wie in eine schwarze Höhle. So lernte ich die Frau kennen, die sie aus mir machen wollte. Tagtäglich mußte ich mich mit ihrer Verbissenheit auseinandersetzen, mit der sie ein nach ihren Vorstellungen vollkommenes Wesen aus mir modellieren wollte. Ich mußte gegen ihre ungeheure Willenskraft antreten, mit der sie meinen Körper und meine Gedanken verdrehte, um mich auf den Weg zu bringen, den sie mir zugedacht hatte. Zwischen dieser Frau, wie sie sich sie vorstellte, und mir, wie ich eigentlich war, hatte sich die Sache breitgemacht. Meine Mutter hatte mich zu ihrer Puppe gemacht, und diese Arbeit so vollkommen geleistet, so tiefgreifend, daß ich mir dessen nicht mehr bewußt war, es mir gar nicht mehr anders vorstellen konnte.

Wenn ich heute an meine Mutter denke, weiß ich, daß

ich sie während meiner Kindheit bis zum Wahnsinn geliebt habe. Dann kam der Haß, und schließlich verließ ich sie kurz vor ihrem Tod, der übrigens den Schlußpunkt unter meine Analyse setzte."

„Bis zum Wahnsinn" geliebt hatte die Tochter ihre schöne, strenge, verschlossene Mutter, die so entrückt in ihre Schwermut und ihre moralische Überlegenheit war – ein unerreichbares Vorbild für die Tochter. Das Innere der Mutter ist ihr versperrt; ihr eigenes Innere, ihr immer unwürdig erscheinend, muß sie der Mutter versperren.

Auf ihrem Gut in Algier ist es nachts oft noch so heiß in den Zimmern, daß sie nicht schlafen können. Da streicht die Tochter im Dunkeln durchs Haus:

„Auf diesen blindsuchenden Wanderungen, melancholisch wie Wehklagen, riß mich öfters, nachdem ich um die erste Ecke war, ein entferntes Licht aus meiner Einsamkeit: ein Licht, das auf die verglasten Türen zum Salon einen rotgoldenen Schimmer warf. Durch eine Unregelmäßigkeit im Glas brach sich das Licht, und es entstand ein Kreis in Form eines Auges. Der Schimmer bedeutete, daß meine Mutter da war. Ich pirschte mich schnell und leise vor, bis ich in die Eingangshalle gelangte und vor der offenen Tür stand, die zu den Diensträumen führte. An der Grenze der Nacht hielt ich inne. Sie stand am Ende des Korridors, in helles Licht getaucht, leuchtender als der finstere Schatten, in dem ich stand, und hielt ein Glas Wein in der Hand. Reglos stand sie da, traurig und versunken und blickte weit, weit in die Ferne. Von Zeit zu Zeit trank sie mit geschlossenen Augen einen großen Schluck Wein. Er schien ihr gut zu tun. Wenn das Glas leer war, verschwand sie im Halbschatten der Anrichte, öffnete den Eisschrank und nahm aus einem der freundlich und hell beleuchteten Fächer eine Flasche heraus, füllte ihr Glas, löschte das Licht in der Küche und ging tastend in ihr Zimmer, die Wegzehrung in der

Hand. Sie schloß die Tür hinter sich ab. Ich wußte, daß sie sich bis morgen früh nicht mehr blicken lassen würde.

Wenn sie so allein im Licht stand und ich sie ihren Weißwein trinken sah, bekam ich Lust, selbst der Wein zu sein. Ich hätte ihr gerne etwas Gutes getan, sie glücklich gemacht, ihre Aufmerksamkeit auf mich gelenkt. Ich nahm mir vor, einen Schatz für sie zu finden."

Der Körper der Tochter, der Erzählerin, spielte zum erstenmal nicht mehr mit während eines Konzerts: Sie war freudig dorthin gegangen, erfolgreiche Absolventin eines Studiums in so schwierigen „männlichen" Fächern wie Mathematik und Logik. Und als sie einer freien Jazz-Improvisation von Louis Armstrong hingegeben lauschte, als sich die Trompete gerade aufschwang zu einem langangehaltenen Ton, da fühlte sie sich von Angst wie überflutet, von Herzklopfen bis zum Ersticken bedrängt. Sie stürzte nach Hause, – das war nicht mehr das geliebte Haus in Algier, das war jetzt ein Mietshaus in Paris – mit rasendem Herzklopfen immer noch, in einem Lauf wie gejagt. Sie fürchtet, auf der Stelle zu ersticken. Mit gewaltiger Kraftanstrengung bewältigt sie alle die Treppen bis zur Wohnung im fünften Stock, dann läßt sie sich auf ihr Bett fallen. Sie ruft, sie stößt den Namen aus, den bannenden, beschwörenden Namen: „Mama, Mama, Mama!"

Die Mutter hatte schon geschlafen. Endlich kommt sie.

„Ich wünsche, sie würde sich mit in meine Angst begeben, um mir darin Gesellschaft zu leisten: schließlich sieht sie doch ihr Kind im Todeskampf, ihr großes kleines Mädchen im Begriff zu sterben. Statt dessen richtet sie ihre Frisur und ihren Morgenmantel wieder her. Mit mitleidsvoller Miene setzt sie sich dicht neben mich aufs Bett. Sie nimmt mich bei der Hand. Auf ihrem Gesicht der Ausdruck, den sie bei ihren Friedhofsbesuchen aufsetzt: traurig-gerührt, jämmerlich, befriedigt. ‚Es ist nur ein vorübergehender Anfall, nur eine Angstkrise. Es ist nichts Schlimmes, hab keine Angst, Du bist nur nervös.'

Ihre fürsorgliche Ruhe geht mir auf die Nerven, ihre Selbstsicherheit, Unnahbarkeit. Wie kann das, was ich da ertragen muß, ,nichts' sein! Diese feucht-klebrige Woge, die sich über mich ergießt, voller Haken, Klingen, voller Verwesung! Sollte das einfach ,nichts' sein? Im Gegenteil, dieses ,Nichts' war etwas höchst Wichtiges, ich bin mir vollkommen sicher. Und wie sie das ,Nichts' behandelt, nämlich wie ihre Toten, das steigert meine Angst noch mehr. Ich ersticke fast. In meine Lungen dringt kaum noch Luft; der spärliche Atem gibt einen scharfen, lächerlichen Pfeifton ab. ,Ich ersticke, ich sterbe!'

,Aber nicht doch, nein. Das ist doch nur Nervosität! Dein Puls ist zwar erhöht, aber nicht schlimm. Glaub mir doch, Du stirbst nicht.'

Diese betuliche Vertraulichkeit stört mich. Ich hatte mich immer so sehr nach ihrer Zärtlichkeit, ihrer Aufmerksamkeit gesehnt. Diesen gütigen Blick von ihr auf mein Gesicht, meine dunklen Augen, meine lockigen Haare, meine Kartoffelnase, meinen Mund, mein Kinn, meine Schultern, meinen kräftigen Körper hatte ich so sehr ersehnt. Und jetzt tut sie so, als ob sie mich gerade erst kennenlernte, mich aber gleichzeitig wiedererkennt. Was für eine traurige, wehmütige Begegnung!

Nein, das wollte ich nicht, nicht in diesem Zustand! Diesen Blick hatte ich mir immer sehnlichst gewünscht: wenn ich tauchte, wenn ich lief, lachte, die Hand voller Lorbeerzweige. Wäre sie doch nur einmal stolz auf mich gewesen! Meine Kraft wollte ich ihr schenken, nicht mein Unglück, meine Angst!"

Die Mutter will der Tochter helfen, das ist offensichtlich. Aber sie kann nicht, was die Tochter von ihr erwartet als einziges: Sie kann sich nicht mit der Tochter hineinbegeben in ihre Angst. Sie hat die Erwachsenen-Verständigkeit, medizinisch aufgeklärt; ihre eigene Kindheit hat sie längst vergessen. So schreit der Körper der einen nach Hilfe, und die andere ist hilfsbereit: Aber was sie geben kann, kann die andere nicht brauchen. Sie sprechen nicht dieselbe Sprache; sie sind einander vollständig fremd. Eine kluge liebende Mutter, eine verehrende Tochter, – und solange sie leben, hat es kein Gespräch zwischen ihnen gegeben, das diesen Namen verdient.

Die einzige Möglichkeit, sich zu verständigen, ging über ein Drittes, das sie nicht unterschiedlich bewerten und interpretieren mußten: Das war ihr Garten, damals in Algerien.

„Frühmorgens richtete meine Mutter flache Körbe und Rosenscheren her und wir zogen los.

Zum Jauchzen schön waren diese frühen Morgenstunden in der taufrischen Natur! Wir entdeckten neue Blumen und Blätter, die sich während der Nacht entfaltet hatten. Manchmal warteten wir mehr als eine Woche auf das Aufblühen einer Rose oder Dahlie. Jeden Morgen hielten wir etwas länger vor der Knospe an, um ihren Fortschritt zu begutachten: erst noch etwas kümmerlich, bis sie anschwoll, sich ein wenig an der Spitze der Knospe öffnete und die noch farblosen Blütenblätter ahnen ließ, die dicht aneinanderklebten. Und plötzlich, eines schönen Morgens, brach die Knospe stellenweise auf, die Blüte zerrte und zwängte sich durch das enge Korsett, wie die dicken Brüste aus dem Büstenhalter der spanischen Waschfrau.

‚Wenn sie erst mal ganz aufgeblüht ist, binden wir um sie herum einen Strauß mit indischen Nelken. Das Gelb wird gut dazu passen. Dazu nehmen wir noch die anderen, blasseren Rosen, die mit dem Perlmuttglanz. Ich habe fast den Eindruck, sie ist in diesem Jahr noch schöner als im vergangenen.‘

Und dann machten wir uns völlig versunken und restlos zufrieden ans Blumenpflücken, um die Sträuße im Haus zu erneuern oder einzelne Blumen auszuwechseln. Für die Eingangshalle band sie pyramidenförmige, zwei Meter hohe Sträuße aus Mispeln und Yuccastangen mit ihren dicken weißen Blüten.

Blumenarrangieren war ein wichtiger Bestandteil in der Erziehung eines Mädchens meiner Herkunft. Meine Mutter übertraf sich selbst in dieser Kunst. Und auch ich liebte die Blumen, ihren Geruch, ihre Farben und Formen und die Geheimnisse in ihrem Innern, dort, wo ich die Mandarinknöpfe vermutet hatte, als ich noch klein war. Nie gab ich die Hoffnung auf, eines Tages endlich das zu finden, was meine Mutter glücklicher machen würde, noch glücklicher und schöner. Etwas zu finden, was das Mißverständnis zwischen uns aus dem Wege räumen könnte, meine mir unbegreifliche Unfähigkeit, ihr rundum zu gefallen.

Am besten verstanden wir uns, wenn sie mir das Blumenbinden beibrachte. Sie zeigte mir, wie man Blumen in einer Vase arrangierte. Zuerst mußte man eine Vase aussuchen, je nach Biegsamkeit der Stengel. Dann lernte ich von ihr, daß die Zusammenstellung mancher Blumen unmöglich oder schwierig war, wenn die eine Blume sehr zarte, die andere kräftige und dicke Stengel hatte.

Vormittags verbrachten wir auch längere Zeit im Gemüsegarten, wo es nach Sellerie und Tomaten roch."

Hier konnte die Mutter ihre Stärken und Begabungen weiterreichen. Die Wörter hierfür waren nie vergessen worden von der Tochter.

Große Erwartungen

Elfriede Jelinek beschreibt große Erwartungen einer um ihre eigene Entfaltung betrogenen Frau in ihrem Roman *„Die Klavierspielerin"*. Was bei Virginia Woolf „Griff nach dem Tintenfaß" hieß, mit dem sie sich vom Phantom des mütterlichen Wertehorizonts weiblicher Zartheit und angenehmer Versöhnlichkeit zu befreien vermochte, oder versuchte, – das bestimmt Schreibweise und Thematik dieses Romans. Als flüstere ihr immer eine tief vertraute Stimme ins Ohr: „Sei weiblich! Mach keinen Ärger!", schreibt Elfriede Jelinek wie hohnlachend an gegen solche Einflüsterungen, die sie offensichtlich immer noch im Ohr hat, in den achtziger Jahren unseres Jahrhunderts. Was sich als Alp- oder hämischer Wunschtraum einmal in der eigenen Brust geregt haben mag in düsteren Momenten – diese Erzählerin breitet sie aus, gibt sie zur Besichtigung frei. Sie schämt sich kein bißchen dabei. Noch ihre kalkulierte Kälte, ihre Manieriertheit verraten jedoch, ebenso wie ihr Hohnlachen, wie laut die suggestiven Einflüsterungen – zum Beispiel gedachter Erwartungen von Leserinnen und Lesern – sein mögen, die sie so grell übertönen muß. Und: Jemand muß sehr verletzt worden sein, um so verletzend schreiben zu wollen, zu müssen.

Die Autorin hat zu Protokoll gegeben, daß sie – die inzwischen als eine der zornigen Schriftstellerinnen Österreichs Rang und Namen hat – immer noch jedes Jahr lange Zeiten im Reihenhaus in Wien mit der Mutter verbringt, obwohl sie in München verheiratet ist.

So wie an ihr gekünstelt worden ist, so künstelt sie beim Erzählen ihres in hintergründigem Sinn autobiographischen Romans:

„Erika, die Heideblume. Von dieser Blume hat diese Frau den Namen. Ihrer Mutter schwebte vorgeburtlich etwas Scheues und Zartes dabei vor Augen. Als sie dann den aus ihrem Leib hervorschießenden Lehmklumpen betrachtete, ging sie sofort daran, ohne Rücksicht ihn zurechtzuhauen, um Reinheit und Feinheit zu erhalten. Dort ein Stück weg und dort auch noch. Instinktiv strebt jedes Kind zu Schmutz und Kot, wenn man es nicht davor zurückreißt. Für Erika wählt die Mutter früh einen in irgendeiner Form künstlerischen Beruf, damit sich aus der mühevoll errungenen Feinheit Geld herauspressen läßt, während die Durchschnittsmenschen bewundernd um die Künstlerin herumstehen, applaudieren. Jetzt ist Erika endlich fertig zurechtgezartet, nun soll sie den Wagen der Musik in die Spur heben und auf der Stelle zu künsteln anfangen. So ein Mädchen ist auch nicht geschaffen, Grobes auszuführen, schwere Handarbeit, Hausarbeit. Sie ist den Finessen des klassischen Tanzes, des Gesanges, der Musik von Geburt an vorherbestimmt. Eine weltbekannte Pianistin, das wäre Mutters Ideal; und damit das Kind den Weg durch die Intrigen auch findet, schlägt sie an jeder Ecke Wegweiser in den Boden und Erika gleich mit, wenn diese nicht üben will. Die Mutter warnt Erika vor einer neidischen Horde, die stets das eben Errungene zu stören versucht und fast durchwegs männlichen Geschlechts ist. Laß dich nicht ablenken! An keiner Stufe, die Erika erreicht, ist es ihr gestattet auszuruhen, sie darf sich nicht schnaufend auf ihren Eispickel stützen, denn es geht sofort weiter. Zur nächsten Stufe. Tiere des Waldes kommen gefährlich nah und wollen Erika ebenfalls vertieren. Konkurrenten wünschen Erika zu einer Klippe zu locken, unter dem Vorwand, ihr die Aussicht erklären zu wollen. Doch wie leicht stürzt man ab! Die Mutter schildert den Abgrund anschaulich, damit das Kind sich davor hütet. Am Gipfel herrscht Weltberühmtheit, welche von den meisten nie erreicht wird. Dort weht ein kalter Wind, der Künstler ist einsam und sagt es auch. Solange die Mutter noch lebt und Erikas Zukunft webt, kommt für das Kind nur eins in Frage: die absolute Weltspitze".

Der Titel verrät es sogleich: Aus den großen Erwartungen der Mutter wird nichts. Erika wird nicht Pianistin der Weltklasse, sondern muß mit dem ehrenwerten Beruf der Klavierlehrerin vorliebnehmen, was ihr die Mutter nie verzeiht.

Für sie bleibt Erika immer das Kind, das sie einmal war. Ein eigenes Leben zu führen, weist sie gekränkt von sich.

Haben wir es mit einer Parodie zu tun? Mit satirischer Überzeichnung im Dienste der Wahrheitsfindung?

Was aufhorchen läßt, ist die Wiederkehr des Motivs der nie loslassenden Mutter. Das Nicht Loslassen hat viele Gesichter.

„Und ich hab gedacht, Du gehörst mir!" so endet das Theaterstück für eine Mutter und eine Tochter von *Marsha Norman „Nacht, Mutter"*. Die Mutter spricht diese Worte wie erwachend durch äußerstes Erschrecken in den Nachhall eines Schusses hinein. Es ist der Knall von Vaters Pistole, mit der sich die Tochter soeben erschossen hat. Einen Abend lang hatten die beiden miteinander gesprochen wie nie zuvor. Ausgelöst war die ungewohnte Offenheit durch die lakonische Ankündigung der Tochter: „Ich werde mich umbringen, Mutter. Erschießen. In zwei Stunden." – Unverbunden steht es nebeneinander, das Resumé der Tochter: „Du hast ja überhaupt keine Ahnung, was in mir vorgeht", die Antwort der Mutter: „Wie könnte ich auch? Du bist schwer erreichbar, da wo Du bist"; die Behauptung der Mutter: „Du bist mein Kind", die Antwort der Tochter: „Ich bin, was aus Deinem Kind geworden ist"; das Resumé der Mutter: „Alles hat mit mir zu tun. Jessie. Du kannst überhaupt nichts machen, ohne daß es mit mir zu tun hat" und das entschlossene Losreißen der Tochter: „Mein Leben ist das einzige, was wirklich mir gehört."

Die Linie zwischen Fürsorglichkeit und Bevormundung, zwischen Zuneigung und Anklammerung, zwischen räumlicher Nähe und psychischer Ferne scheint nirgendwo dünner, schwankender zu sein als hier. Als Wahrheitsmoment ist das wert, bedacht zu werden: Bekundungen nie geheilter Wunden, in einer Kunstwelt dargestellt in den Extremen, die Licht werfen auf Züge auch der sogenannten Normalität.

Wenn wir den Beginn des Romans „Die Klavierspielerin" lesen, fällt es schwer, den Satz „Erika geht auf das Ende der Dreißig" in Einklang zu bringen mit der Art, in der von ihr berichtet wird. Es hat etwas von einem zum Ritual erstarrten Spiel, bei dem jeder Handgriff, jeder Schritt und jedes Wort unverändert geblieben sind seit damals, als das Kind noch ein Kind war.

Auch das gehört zu den Asymmetrien im Verhältnis von Müttern zu Töchtern, die immer wieder Leid schaffen: Während es die Tochter immer mit einer Erwachsenen zu tun hat, muß die Mutter eine ungeheure Leistung an Flexibilität, an Veränderungsbereitschaft aufbringen. Eben noch ein Wesen, weich, warm, hingegeben in Mutters Arm, an ihrer Brust, in vollkommener Abhängigkeit – und, so erscheint es mancher Mutter, nur wenig später ist da aus diesem anschmiegsamen Wesen eines geworden, das auf seine

Selbständigkeit pocht und am liebsten gar nicht mehr erinnert sein will an das, was die Mutter als seligen Zustand bergender Geborgenheit, kraft ihrer Machtvollkommenheit, nicht hergeben möchte. Eine große Aufgabe für die Mutter, diese Umstellung mit gleitenden Übergängen.

Hier wird ihr Negativ-Bild vorgeführt:

„Die Klavierlehrerin Erika Kohut stürzt wie ein Wirbelsturm in die Wohnung, die sie mit ihrer Mutter teilt. Die Mutter nennt Erika gern ihren kleinen Wirbelwind, denn das Kind bewegt sich manchmal extrem geschwind. Es trachtet danach, der Mutter zu entkommen. Erika geht auf das Ende der Dreißig zu. Die Mutter könnte, was ihr Alter betrifft, leicht Erikas Großmutter sein. Nach vielen harten Ehejahren erst kam Erika damals auf die Welt. Sofort gab der Vater den Stab an seine Tochter weiter und trat ab. Erika trat auf, der Vater ab. Heute ist Erika flink durch Not geworden. Einem Schwarm herbstlicher Blätter gleich, schießt sie durch die Wohnungstür und bemüht sich, in ihr Zimmer zu gelangen, ohne gesehen zu werden. Doch da steht schon die Mama groß davor und stellt Erika. Zur Rede und an die Wand, Inquisitor und Erschießungskommando in einer Person, in Staat und Familie einstimmig als Mutter anerkannt. Die Mutter forscht, weshalb Erika erst jetzt, so spät, nach Hause finde? Der letzte Schüler ist bereits vor drei Stunden heimgegangen, von Erika mit Hohn überhäuft. Du glaubst wohl, ich erfahre nicht, wo du gewesen bist, Erika. Ein Kind steht seiner Mutter unaufgefordert Antwort, die ihm jedoch nicht geglaubt wird, weil das Kind gern lügt. Die Mutter wartet noch, aber nur so lange, bis sie eins zwei drei gezählt hat.

Schon bei zwei meldet sich die Tochter mit einer von der Wahrheit stark abweichenden Antwort. Die notenerfüllte Aktentasche wird ihr nun entrissen, und gleich schaut der

Mutter die bittere Antwort auf alle Fragen daraus entgegen. Vier Bände Beethovensonaten teilen sich indigniert den kargen Raum mit einem neuen Kleid, dem man ansieht, daß es eben erst gekauft worden ist. Die Mutter wütet sogleich gegen das Gewand. Im Geschäft, vorhin noch, hat das Kleid, durchbohrt von seinem Haken, so verlockend ausgesehen, bunt und geschmeidig, jetzt liegt es als schlaffer Lappen da und wird von den Blicken der Mutter durchbohrt. Das Kleidergeld war für die Sparkasse bestimmt! Jetzt ist es vorzeitig verbraucht. Man hätte dieses Kleid jederzeit in Gestalt eines Eintrags in das Sparbuch der Bausparkassen der österr. Sparkassen vor Augen haben können, scheute man den Weg zum Wäschekasten nicht, wo das Sparbuch hinter einem Stapel Leintücher hervorlugt. Heute hat es aber einen Ausflug gemacht, eine Abhebung wurde getätigt, das Resultat sieht man jetzt: jedesmal müßte Erika dieses Kleid anziehen, wenn man wissen will, wo das schöne Geld verblieben ist. Es schreit die Mutter: Du hast dir damit späteren Lohn verscherzt! Später hätten wir eine neue Wohnung gehabt, doch da du nicht warten konntest, hast du jetzt nur einen Fetzen, der bald unmodern sein wird. Die Mutter will alles später. Nichts will sie sofort. Doch das Kind will sie immer, und sie will immer wissen, wo man das Kind notfalls erreichen kann, wenn der Mama ein Herzinfarkt droht. Die Mutter will in der Zeit sparen, um später genießen zu können. Und da kauft Erika sich ausgerechnet ein Kleid!, beinahe noch vergänglicher als ein Tupfer Mayonnaise auf einem Fischbrötchen. Dieses Kleid wird nicht schon nächstes Jahr, sondern bereits nächsten Monat außerhalb jeglicher Mode stehen. Geld kommt nie aus der Mode.

Es wird eine gemeinsame große Eigentumswohnung angespart. Die Mietwohnung, in der sie jetzt noch hocken, ist bereits so angejahrt, daß man sie nur noch wegwerfen kann.

Sie werden sich vorher gemeinsam die Einbauschränke und sogar die Lage der Trennwände aussuchen können, denn es ist ein ganz neues Bausystem, das auf ihre neue Wohnung angewandt wird. Alles wird genau nach persönlichen Angaben ausgeführt werden. Wer zahlt, bestimmt. Die Mutter, die nur eine winzige Rente hat, bestimmt, was Erika bezahlt. In dieser nagelneuen Wohnung, gebaut nach der Methode der Zukunft, wird jeder ein eigenes Reich bekommen, Erika hier, die Mutter dort, beide Reiche säuberlich voneinander getrennt. Doch ein gemeinsames Wohnzimmer wird es geben, wo man sich trifft. Wenn man will. Doch Mutter und Kind wollen naturgemäß immer, weil sie zusammengehören. Schon hier, in diesem Schweinestall, der langsam verfällt, hat Erika ein eigenes Reich, wo sie schaltet und verwaltet wird. Es ist nur ein provisorisches Reich, denn die Mutter hat jederzeit freien Zutritt. Die Tür von Erikas Zimmer hat kein Schloß, und kein Kind hat Geheimnisse."

Im „grauen und grausamen Land der Mutterliebe", in dieser trüben Inszenierung, gibt es keine Grenzen und kein Ende. Es erscheint als bösartige Kontrafaktur zu dem hoffnungsvollen Versprechen: „Die Liebe höret nimmer auf". Die Schauspielerin dieser Inszenierung, Erika, die ewige Tochter, ist immer auf dem Weg nach Hause, zu Beginn und am Ende des Buches.

Je enttäuschter eine Frau ist, je eingreifender sie daran gehindert wurde, ihre eigenen Begabungen zu entdecken, auszubilden und auszuüben, desto präziser und dringender werden ihre ehrgeizigen Wünsche für ihre Tochter.

Marina Zwetajewa beginnt ihre autobiographische Prosa *„Mutter und die Musik"* so:

„Als statt des ersehnten, vorentschiedenen, fast herbeibefohlenen Sohnes Alexander *ich* zur Welt kam, unterdrückte die Mutter einen selbstmitleidigen Seufzer und sagte: ‚So wird aus ihr wenigstens eine Musikerin.'"

„Vorentschieden" war das Geschick des neugeborenen Menschen sowie sein Geschlecht. Auch hier überrascht die Verblendung einer Mutter. Sie vermag nicht zu sehen, daß sie das ihr Angetane weiterreicht an die nächste Generation. Man hatte sie beraubt, ihr das Musikstudium vorenthalten, und nun beraubt sie ihrerseits. In welchem Namen einem Kind die Entdeckung eigener Wünsche und die Verwirklichung eigener Stärken verwehrt ist, erscheint gleichgültig gegenüber der Tatsache: daß es in jedem Fall Freiheitsberaubung bleibt.

„Die Mutter überschwemmte uns mit Musik. (Aus dieser Musik, die sich in Lyrik verwandelte, sind wir nie mehr aufgetaucht, ans Tageslicht!) Die Mutter überflutete uns wie Hochwasser. Ihre Kinder waren, wie die Hütten der Armen am Ufer aller großen Flüsse, von vornherein dem Untergang geweiht. Die Mutter überflutete uns mit der ganzen Bitterkeit ihrer nichtverwirklichten Berufung, ihres nichtverwirklichten Lebens, überflutete uns mit Musik wie mit Blut, dem Blut einer zweiten Geburt:"

Hier sind sie wieder, wie so oft: Mutters Entbehrungen als Mitgift einer großen Erwartung an die Tochter.

Als das zweite Kind wieder ein Mädchen wurde, sollte eben eine zweite Musikerin in die Familie hineinwachsen, auf jeden Fall.

Und die Kinder selbst?

Das erste erwies sich als gelehrig und fleißig, aber nicht begeistert; das zweite war überzeugend unbegabt. Die Mutter plante weiter die Zukunft für ihre Töchter Mussja und Assja:

„‚Mussja – eine berühmte Pianistin, und Assja … eine berühmte Ballerina, mir wächst vor lauter Stolz ein Doppelkinn.'

Nicht mehr scherzhaft, sondern mit tiefer, echter Freude und voll Bitterkeit meinte sie: ‚So werden denn meine Töchter einst ‚freie Künstlerinnen', wie ich es so gerne geworden wäre'. (Ihr Vater plädierte für eine Erziehung zu Hause, für eine häusliche Existenz, und sie stand nur ein einziges Mal auf der Bühne ...)."

Diese hochsensible Pianistin besaß als Mutter keine Sensibilität für ihr eifriges kleines Mädchen. Ihr zu Gefallen spielte dies Tag für Tag, auch im Sommer, ihre zweimal zwei Stunden am Klavier. Sie will ja, was Mama will! Aber wenn sie dann nach Ablauf der ihr vorgeschriebenen Zeit harter Selbstüberwindung erleichtert aufspringt, ist die Mutter enttäuscht. Worüber? Daß sie nicht darum bittet, noch länger üben zu dürfen! So wie die Mutter als Kind. Aber sie ist nicht so wie die Mutter. Die Tochter erkennt es deutlich:

„Sie forderte von mir – sich selbst."

Das erscheint genauso unerfüllbar wie all die Aufgaben an die armen Stieftöchter im Märchen.

„Nein, ungeachtet aller Verlockungen, Mitleidsbekundungen und Zurufe – spielte ich. Blieb pickelhart.

Hitze. Bläue. Mückenmusik und Marter. Der Flügel steht dicht am Fenster, als versuchte er vergeblich, mit elefantischer Unbeholfenheit ins Freie zu gelangen (...) Schweiß strömt an mir herab, die Finger sind rot, ich spiele mit dem ganzen Körper, mit meiner nicht geringen Kraft, mit meinem ganzen Gewicht und Fingerdruck, vor allem aber mit meinem gesammelten Widerwillen gegen das Spiel (...)

Alle sind baden gegangen, die Mutter und Assja ins Holz. Walerija nach Tarussa zur Post, nur die Köchin hämmert mit dem Fleischmesser, und ich – auf die Tasten. Oder im Herbst: Andrjuscha schabt an einem Stock, Assja zeichnet, mit vorgestrecktem Zünglein, Häuser, Mutter liest den ‚Ekkehard', Walerija schreibt einen Brief an Wera Muromzewa, und nur ich allein – spiele. (Warum??)

‚Nein, du liebst die Musik nicht', sagte die Mutter verärgert (von Grund auf verärgert!) über mein schamlos ehrliches seliges Hochspringen vom Hocker, auf dem ich zwei Stunden gesessen hatte. ‚Nein, *du* liebst die Musik *nicht!*'

Doch – ich liebte sie. Die Musik – liebte ich. Nur meine Musik liebte ich nicht. Das Kind kennt keine Zukunft, es lebt im Jetzt (welches *immer* bedeutet). Jetzt gab es nur Tonleitern, Kanons und schäbige ‚Stücklein', die mich durch ihre Unscheinbarkeit kränkten."

Übrigens: Das Kind ist noch keine sechs Jahre alt.

Es wurde mit Musik gequält und erreichte mit all seiner Selbstüberwindung doch nur, daß die Mutter von ihm enttäuscht war. Die wahre Begabung von Mussja, die sie selbst entdeckte, lag in einer anderen Ausprägung von Musikalität. Sie wurde eine der bedeutendsten russischen Lyrikerinnen. Wie muß es sie geschmerzt haben, daß ihre Mutter sich nicht mehr an ihr freuen konnte. Sie starb zu früh.

Ich war eine gute Mutter

Zu Anfang unseres Jahrhunderts schrieb *Lou Andreas-Salomé* einen Roman, der heute nur noch in Bibliotheken aufzutreiben ist. Er heißt *„Ma"*, im Untertitel: „ein Portrait". Ma, das ist die Kurzform von Marianne und meint zugleich Mama. Im Moskau der Jahrhundertwende lebt diese Frau, früh verwitwet, mit ihren beiden Töchtern.

Die Frau Ma hat es in dem damals nahezu einzigen Beruf, der Frauen offenstand, nämlich als Lehrerin und Erzieherin, so weit gebracht, daß sie und die Kinder ihr Auskommen hatten. Die Autorin arbeitet heraus, wie dieser Beruf für Ma nichts anderes ist als ein Mittel zum Zweck: Ihre Lebenserfüllung sieht sie zu Hause, im Schaffen eines warmen, schönen Geborgenheitsnests für die Töchter. Sie und die Mädchen sind einander innig zugetan. Bliebe die Zeit stehen, so wäre es wie im Märchen und sie könnten glücklich leben und in Freuden. Aber sie bleibt nicht stehen.

Die älteste Tochter Cita hat die Mutter nicht als Vorbild gewählt. Sie ist nach Berlin gegangen und studiert dort nicht nur das „männliche" Fach Jura, sondern engagiert sich in der Frauenbewegung. Die Mutter tröstet sich damit, daß ihr die Jüngste bleiben wird.

Aber die Studentin ist zu Weihnachten nach Hause gekommen nicht nur, um es wieder einmal so richtig behaglich schön zu haben, sondern auch, um ihre Schwester zum Studium mit nach Berlin zu holen. Es geht um dieses Weihnachtsfest: Die Mutter will es feiern „wie früher", mit einem richtigen Kinder-Weihnachtsbaum; die Töchter sind mit ihren Gedanken und Gefühlen eigentlich schon weit weg, im Neuen. Und es ist für sie kein Widerspruch dazu, daß sie an ihrer Mutter in bewundernder Zärtlichkeit hängen.

Die Mutter hegt einen bisher verschwiegenen Plan: Sie hätte die Möglichkeit, in einem kleinen Universitätsstädtchen in der Schweiz zu arbeiten, die Töchter könnten dort studieren – und die kleine Familie bliebe zusammen. Der dramatische Höhepunkt des Romans ist der bitterste Moment, den die Frau seit dem Tode ihres Mannes erlebt.

Sie will, in Abwesenheit der schon gar so eigenständigen Älteren, der Jüngeren, Sophie, ihren Plan als vorweihnachtliche Überraschung anvertrauen.

‚… denke dir, mein Liebling, denke dir's nur als eine noch nicht gewisse Möglichkeit: wir bleiben trotzdem beisammen, – in einem kleinen Städtchen zum Beispiel, – etwa in den Schweizer Bergen –'

Sophie machte sich sichtlich beunruhigt frei. ‚– Warum denn ein so ganz kleines Städtchen, Ma –?'

‚Ich meine natürlich ein Universitätsstädtchen.'

‚Ja, ja, aber wenn auch –. Daß es so gar klein sein soll –? Warum denn eigentlich nur?'

‚Stell dir zum Beispiel vor, dort wäre eine Mädchenpension, die ich zu leiten hätte, – eine solche ist nämlich in Bern, – lauter halberwachsene Mädchen –'.

‚– Aber – das wäre ja gräßlich, Ma!' fiel ihr Sophie ängstlich ins Wort.

Marianne hielt einen Augenblick inne.

Sie suchte mit plötzlicher Bangigkeit Sophies Blick.

‚– Wäre das so gräßlich, – Sophie?'

‚Nein, – das heißt: es wäre ja wunderschön natürlich, – aber, – ach nein, Ma! das kann ja doch gar nicht dein Ernst sein?'

Marianne versuchte zu lächeln, aber sie fühlte, daß ihr

mitten in diesem schwachen Lächeln die Lippen kalt wurden.

,– Nur so eine Idee, Kind,' sagte sie mühsam. ,Siehst du, das dachte ich:' Sophie küßte sie heftig und lachte beruhigt: ,Das wäre ja auch gar nichts, nicht wahr? Denke nur: so eine Mädchenpension, – Hammelherde – huh! Da müßten wir uns ja immer nach den Zimperliesen richten. Wenn du da Stunden gäbst und von allen möglichen Leuten abhingest, wäre alles gleich so gebunden, – so wie hier –. – – Und übrigens, solches Kleinstädtchen wäre doch auch für dich im Grunde recht öde, – nicht?'

Marianne nickte, ohne Sophie aus den Augen zu lassen, die ihr unleidlich brannten und stachen von den bemeisterten Tränen.

,Ja, ja, Sophie. Daran, ob es öde wäre, hab' ich so gar nicht gedacht –. Wenn ich mir das überlege, ist es also wohl nichts damit.'

Sophie wurde wieder ganz heiter.

,Nein, was du aber auch für eine Phantasie hast, Ma?' meinte sie neckend und setzte sich der Mutter auf den Schoß. Sie war voll kleiner Zärtlichkeiten.

Nun wollte sie Ma auch ordentlich erzählen, wie sie sich das Leben dächte, mit Cita zusammen, in Berlin, wo Cita ja so vortrefflich aufgehoben sei und schon Beziehungen habe, und wo sie es nun ebenso gut haben werde. Beziehungen nämlich, das ist wichtig –! – – Eine Menge interessanter Einzelheiten plauderte ihr Sophie redselig vor.

Marianne saß müde in ihrem alten Lutherstuhl. Sie hörte immer mit dem gleichen Anflug von Lächeln zu, es war wie erstarrt auf ihrem Gesicht.

Das also war das weitaus Schönere, wovon Sophie träumte. Und das hatte sie ja nun endgültig den Kindern gegeben, ihnen erlaubt. Mehr zu geben hatte sie nun überhaupt nicht.

Nein: nur sich selbst noch hinzugeben hatte sie wollen. Sie selbst jedoch, – ja sie selbst – lehnten sie leise ab –.

– Marianne überfiel plötzlich, mitten in Sophies Hinplaudern, eine jähe Furcht, sie könnte mit einem Male – jetzt gleich – etwas Gräßliches, Grelles tun müssen, entweder laut schreien oder gar lachen –.

Besonders das letztere: jawohl, grell und gell lachen –.

In der Furcht davor brachte sie kein Wort heraus.

Zum Glück kam Cita nach Haus, eh es Sophie auffiel.

Als sie zu ihnen ins Wohnzimmer trat, sprang Sophie vom Schoß der Mutter heiter auf.

‚Denke nur!' rief sie der Schwester ganz unbefangen entgegen, ‚Ma und ich sitzen hier gemütlich und malen es uns eben aus, wie das sein würde, wenn wir in ein ganz kleines Universitätsstädtchen zögen, anstatt nach Berlin. Und wenn Ma dort gar eine Pension leitete, – und – und wir Sonntag nachmittags mit dem Zuge der Mädchen vor dem Tor spazieren gingen –'. Sie erzählte es ganz wie einen Scherz. Und ganz wie über einen Scherz lachte Cita mit ihr.

‚Uff!' sagte diese dann, die Handschuhe abstreifend, und warf sich in den Schaukelstuhl, – ‚wie gut ist es hier bei dir, Ma. Ja, das wird Sophie schon noch vermissen! Sie muß sich eben erst gewöhnen, man lernt es aber. Bis jetzt redet sie nur so hin. Wenn sie nur erst ordentlich in ihrem Studium drin ist –'.

Marianne richtete ihre Augen müde und groß auf ihre Älteste.

‚Wenn es nur so ist, Cita, daß man dann nichts mehr vermißt', sagte sie leise, mit matter Stimme, ‚– denn das meint ihr doch wohl nicht, – das kannst du doch selber nicht wollen: so ein Fachstudium, und nichts mehr dahinter und darüber –. Etwas so Spezielles, etwas so Hartes –. Du mußt nicht vergessen, wie sehr Sophie, – und früher auch du, – euch in einem allseitigeren, harmonischeren Ganzen geistig angeregt habt. Es schloß ein Studium nicht aus, aber das beseelte Leben ging doch noch darüber –'.

‚Es war einfach dilettantischer', bemerkte Cita ruhig. Sie hatte ernsthaft zugehört, während sie leise schaukelte und ihre Handschuhe bald zurollte, bald in alle einzelnen Finger auseinanderbreitete.

Marianne lehnte sich erschöpft zurück. Sie hatte sich gewundert, woher ihr nur so viele Worte kamen. Als ob sich ihre Zunge löste und selbständig spräche –. Aber als sie einsah, daß diese Worte ohne Wirkung waren, gab sie es auf, zu widersprechen.

Cita nahm ihr Schweigen wie ein leises Gekränktsein und fuhr rasch fort: ‚Ja, süße Ma, du hast sicherlich recht. Aber, siehst du, was du so das ‚beseelte Leben' und ‚das Allseitigere' in der geistigen Anregung nennst, das werden wir ebenfalls haben. Das Fachstudium wird bei weitem nicht alles sein, sondern der ganze Kreis der Interessen in der Frauenbewegung. Das wird uns frisch und kampflustig erhalten. Sieg der modernen Frau! Das soll die Losung sein. – – Hier konnte Sophie diesen belebenden Geist unmöglich aufnehmen. Uns fehlte hier ja auch der laufende Zusammenhang mit allem Modernen. Wenn man aus dem Auslande kommt, spürt man das arg, du kannst es glauben! Nun, aber es schadet weiter nichts: wir holen's schon nach.'

Sie erhob sich aus dem Schaukelstuhl, kam zur Mutter, bückte sich, küßte sie auf den Scheitel und sagte mit fast mütterlicher Zärtlichkeit im Ton: ‚Du unsre süße Ma! Hier ist es einzig und allein schön, weil du hier bist. Vielleicht würdest du dich in einem anderen Rahmen nicht mehr wohl fühlen. Und du machst alles schön rings um dich her. Aber wir können jetzt nicht nur auf das Schöne achten.'

Dann richtete sie sich auf, verschränkte die Arme auf dem Rücken und stellte sich nachdenklich musternd vor das Bücherregal.

‚Siehst du, Sophie, – dort hinein stellen wir dann auch Ma neue Bücher, – nicht an Stelle der alten, aber mindestens zwischen die alten. – – Man kann auch nicht immer nur Dante und Homer und Shakespeare und Goethe und ähnliche Herren lesen. Nicht wahr, Ma?"

Marianne saß ganz still und lauschte. Sie lauschte noch, als gar keine Rede mehr kam, und die Schwestern miteinander in den Büchern zu kramen anfingen, wobei Sophie auf dem Boden saß und Unsinn trieb.

Sie lauschte in alle geredeten Worte tief hinein. – Denn daraus klang ja nicht nur die naive Ablehnung Sophies, nein, etwas viel tiefer Liegendes hörte sie immer deutlicher heraus, – etwas auf dem verborgenen Grund aller dieser Worte –.

Sophies Gefühl war so ganz unwillkürlich gewesen. Aber es verriet, daß Mutter und Kinder ganz und gar nicht eins waren, eines Wesens, – daß das ein bloßes Trugbild war, ein Traum. Die arme Sophie konnte nichts für ihren naiven Egoismus, – Cita, die sagte es ja: sie waren etwas andres, strebten anderm zu als die Mutter –.

Der Mutter gehörten sozusagen nur noch Wesensreste aus der Kindheit, – nicht mehr der entwickelte Mensch. Dem wurde sie leise fremd – fremd – fremd. Von dem wurde sie mit dankbarer Nachsicht geliebt. Notwendig blieb sie ihm nicht mehr.

Wahrscheinlich ging das immer so zu. Auch dann, wenn das Muttersein das gesamte Wesen eines Menschen aufgesogen und ausgemacht hatte –? Auch dann, wenn er sich mit seiner ganzen tragenden, nährenden Lebensfülle den Kindern einverleibt hatte –? Ja, auch dann. Auch dann blieb er wie ein blutendes, losgerissenes Stück am Boden liegen, allein liegen, – ohne es ändern zu können – –."

Einen barmherzigen, harmonischen Kompromiß zeichnet uns die Autorin nicht. Am Ende steht die Frau Ma da, in selbstgewollter Selbstlosigkeit, die für sie Selbstverwirklichung war, in Entsagung, die für sie Erfüllung bedeutete, wie eine andere Mater Gloriosa. Wie lesen wir das heute? Mit Ungeduld?

Die Autorin, Lou Andrea-Salomé, erzählt in ihren Aufzeichnungen *„Lebensrückblick"*, wie energisch sie ihre Pläne gegen die Wünsche ihrer sehr geliebten Mutter durchgesetzt hatte. Vielleicht steckt in dem einfühlenden Portrait der Frau Ma und dem bei allem Wohlwollen nicht ohne Ironie gezeichneten Wesen der sich so aufgeklärt, so emanzipiert überlegen gebenden Studentin Cita auch ein Stück literarischer Wiedergutmachung an der Mutter, die wirklich immer alles verstehen sollte:

„Von meiner Mutter kann ich nicht aussagen, ohne dessen zu gedenken, was sie, trotz all ihrer Mißbilligung meines auswärtigen Mädchenlebens und meiner ihr widerstehenden Denkungsart, für mich geleistet hat. Enttäuschte diese Tochter sie dadurch schon, daß sie nicht als Sohn zur Welt gekommen war" (das wäre dann der sechste gewesen, sie hatte fünf Söhne), „so hätte sie doch nun mindestens einem Tochterideal der Mutter zustreben sollen – und tat so sehr das Gegenteil. Aber sogar während der Zeit, wo die Mutter am bittersten darunter litt, weil es am krassesten gegen die damaligen gesellschaftlichen Sitten verstieß" (das meint das Zusammenleben der Tochter mit dem jungen Philosophen Rée und zeitweilig auch Nietzsche), „machte Muschka das still mit sich selber ab; unverbrüchlich zu mir haltend der Welt gegenüber; voller Gram, doch auch voll Vertrauen; den Anschein weckend, daß wir uns absolut verständen, denn dies schien ihr das Wichtigste, was zu tun war, um keine feindlichen Mißdeutungen gegen mich aufkommen zu lassen. Während ich meine wunderschönen Jugendjahre im Ausland verlebte, habe ich mir das keineswegs klargemacht; so still geschah all diese Mütterlichkeit, daß mir fast nur bewußt blieb, wie unbeirrbar tadelnd, aus tiefer Überzeugung gegnerisch, meine Mutter zu meiner Denk- und Lebensweise sich *mir* gegenüber aussprach. Egoistisch, wie ich gesinnt war, blieb ich so von Reue wie von Heimweh total verschont."

Zu dem liebe- und verehrungsvollen Denkmal, das sie der Mutter in ihrem Lebensrückblick setzt, tritt darin noch diese Erzählung ihres letzten Beisammenseins:

„Meine Mutter besuchte ich vom Ausland aus alle Jahre, oder längstens alle anderthalb Jahre. Ungeheuer lebendig steht vor mir der letzte Abschied von ihr vor ihrem sanften Tode. Ich reiste von Petersburg nach Nordfinnland, um von dort zu Schiff nach Stockholm weiterzufahren. Da der Zug schon bei Tagesgrauen abging, hatten wir uns spät in der Nacht endgültig Lebewohl gesagt. Als ich mich beim Fortgehen in der Frühe so leise wie möglich in den Hausflur schlich, stand meine Mutter plötzlich noch einmal vor mir; barfuß, im langen Nachtgewand, das schneeweiße Haar – das wie Kinderhaar etwas lockig abstand – offen und darunter die tiefblauen Augen groß geöffnet, diese klaren, durchschauenden Augen, von denen jemand einmal richtig sagte: es tat nicht gut, mit einem schlechten Gewissen unter ihren Blick zu geraten.

Sie sah aus, wie aus einem Traum gerufen, und sie selber wirkte wie ein Traum.

Kein Wort sprach sie zu mir. Sie schmiegte sich nur an mich. Von gleicher Größe mit mir, war sie – obschon schlank aufrecht geblieben – im hohen Alter um ein weniges kleiner im ganzen geworden, so daß ihr zarter Körper mit den schmalen Gelenken sich ganz einkuscheln konnte an mir.

Wann jemals aber hätte sie diese Gebärde gehabt? Es war, als höbe sie sie aus dem Verborgensten herauf für diesen

Augenblick. Oder als sei sie in spätesten Jahren erst heimlich gereift zu dieser Bewegung, zu einer letzten Süße, wie sie in einer Frucht sich sammelt, die genügend lange in der Sonne hing, ehe sie nun sinkt.

Und vielleicht durchfuhr uns in der Stille dieser freigegebenen zärtlichen Süße derselbe Gedanke, derselbe Schmerz, derselbe Herzstoß: ‚– O warum, warum – – erst jetzt –!' Dies war das letzte Liebesgeschenk meiner Mutter an mich. Liebe Muschka."

Diese hohe Auffassung vom Mutter-Sein bewährte Lou Andreas-Salomé auch in ihrem späteren Leben. Sie hatte Freud kennengelernt und unter seiner Leitung die sich damals gerade entwickelnde – und angefeindete – Psychoanalyse studiert. Als Psychoanalytikerin, eine der ersten, besonders für Kinder, arbeitete sie – von den Göttinger Bürgern genauso mißtrauisch beäugt wie von ihrer Umwelt zur Zeit ihrer Jugendexperimente – bis zu ihrem Tode in Göttingen. Der anspruchsvolle Beruf, dem sie sich verschrieben hatte, duldete nicht, so glaubte sie, die gleichzeitige Ausübung des ebenso anspruchsvollen, ausschließenden Lebensberufes, wie sie ihn in „Ma" und im Portrait ihrer Mutter gefeiert hatte.

In ihrem ebenfalls „Roman" genannten, autobiographisch getönten Buch *„Ausflug mit der Mutter"* fühlt sich *Gabriele Wohmann* in eine Tochter ein, die nicht damit fertigwird, daß ihre Mutter alt geworden ist.

„Es macht die Tochter krank, an die selbstvergessene Genügsamkeit der Mutter zu denken. Die Mutter ist ohne Begrenzung gütig und liebesfähig. Die Tochter hört den Satz der Mutter: Nur wenn es euch wirklich mal wieder paßt, dann machen wir was Schönes miteinander. Ja, es müßte jetzt die Zeit sein mit Herbstzeitlosen auf den Waldwiesen. Das wäre herrlich.

Wie können der Mutter so unvermittelt die Herbstzeitlosen einfallen. Die Tochter ist ganz vereinnahmt von der Rührung. So fern von ihr ist etwas womöglich so Naheliegendes! Und sie muß hinschauen: das ist der Nacken meiner Mutter. Von zu vielen Halswirbelschmerzen ist er etwas steif geworden. Das ist der Haaransatz meiner Mutter, jetzt fast ganz weiß. *Verwitwete alte Frau beim Überqueren einer Kreuzung.* Das war doch einmal eine Mutter, bei der man als Kind vom Streuselkuchen das Obere abschneiden durfte und das Untere nicht zu essen brauchte!"

Es ist sehr vieles, mit dem die Tochter nicht fertig wird: Vor allem wohl, daß sie seit dem Tod des Vaters mit einer Zuständigkeit konfrontiert ist, die ihr neu ist: der Mutter das Alleinsein erträglich zu machen, ohne es zu teilen. Denn die Autorin lebt ganz anders, als es ihr die Mutter vorgelebt hat. Verheiratet ist sie zwar, sie hat aber keine Kinder, und alle ihre Zeit und Kraft gehörten ihrer Arbeit als Schriftstellerin. Wenn sie Zeit mit der Mutter verbringt, ist das – wie sie mit bitterer Illusionslosigkeit anmerkt – ein Opfer. Für die Mutter gibt es so etwas gar nicht, gab es so etwas nie: ihr Mann, ihre Kinder, ihre Familie, die waren ihre nie in Frage gestellte, ihre selbstverständlich begrüßte Daseinserfüllung.

Die Tochter kann nicht anders, sie muß vergleichen und immer wieder auch werten und auf höchst quälende, zwiespältige Weise Anstoß nehmen am Anderssein der Mutter, weil es das Anderssein der Tochter so unverstellt hervortreten läßt. Gleichzeitig will die Tochter wie alle hier zu Worte kommenden Töchter gerade das Andere der Mutter verstehen und anerkennen.

Ihr sei die Selbstverwirklichung gelungen, „und wahrhaft vorzüglich, wie denn nur? Sie hat sich doch in 53 Jahren nie unzufrieden verleugnet gefühlt. Die Mutter hat ihr eigenes

Wesen mit jeglichem Wunsch, mit jeder Anlage, Erwartung, existentieller Hoffnung, und zwar ganz und gar persönlich, in der Beziehung zu dem Mann verwirklicht, den sie geheiratet hat." Und wenn jemand frage, warum sie denn gar nichts „Eigenes" gepflegt habe, an das jetzt in ihrer Witwen-Einsamkeit angeknüpft werden könnte, so sei diesem Frager zu antworten:

„Wieso soll dieses Eigene nicht ihre Familie gewesen sein? Sie war doch verantwortlich für ein Klima des freundlichen Wohlergehens und der Verträglichkeit, der Sympathien. Ist das nicht eine unüberschätzbare eigene große Leistung, für eine Gruppe von Personen den Eindruck der selbstverständlichen, unzerstörbaren Geborgenheit zu schaffen?"

Es ist unüberhörbar, und die bis zur Zerrissenheit selbstkritische, hellhörige Tochter nimmt es natürlich als erste wahr: Sie fühlt sich immer veranlaßt, ihre Mutter zu verteidigen, ihre Lebensweise zu rechtfertigen. Diese Mutter ist in ihrem Anderssein ein Problem für die Tochter, von dem die alleinstehende Mutter gar nichts ahnt. Im Grunde, so kommt es der Tochter vor, hätte diese Mutter etwas ganz anderes verdient – zum Beispiel eine andere Tochter. Sie kann es sich selbst in nichts rechtmachen, wenn es um die Mutter geht. Offenbar erwartet sie etwas der Art von sich, wie es in früheren Zeiten bei den beruflosen, unverheiratet gebliebenen Töchtern stattfand: die konkrete Wiedergutmachung Maß für Maß; so wie die Mutter ihr Kind ins Leben hineinbegleitet hatte in fürsorglicher Betreuung, so begleitete dann das Kind (es war kaum jemals ein Sohn) die Mutter fürsorglich betreuend hinaus aus dem Leben. Als fester Bestandteil der Frauengeschichte scheint diese Erinnerung bis in die Gegenwart hereinzureichen als eine Erwartung, die im tiefsten Grund hinter der Unzufriedenheit dieser Frau mit sich selbst als Tochter stehen könnte.

Dabei wäre diese Mutter die letzte, dergleichen von ihrer berufstätigen Tochter auch nur im Traum zu wünschen.

Das ganze Buch ist ein besessener Monolog, in dem sich die Autorin nichts schenkt, in dem sie immer wieder hart mit sich ins Gericht geht. Es gefällt ihr nicht, daß sich für sie nichts von selbst versteht. Die ganze Situation gefällt ihr nicht:

„Heute riskiere ich es und tue, als erkenne ich den wahren Grund für mein unglückliches Bewußtsein von der Mutter und mir. Selbst wenn es glücklich ist, habe ich es doch nur zurechtgemacht, für die miserable Bewußtseinsmaskerade: in der Beziehung von Eltern und Kindern darf sich grundsätzlich am Lebensalter und an den mit ihm verbundenen Lebensäußerungen nichts ändern. Das Erwachsensein eines Kindes ist eine Verkehrtheit. Wer in seiner Kindheit sehr kindlich und völlig aufgehoben war, vergeht sich später als Erwachsener an den Eltern. Was ist bloß aus der bedingungslosen Schutzhaft von damals geworden? Was machen die Eltern mit der leeren Hülse? Das kommt alles auf den Speicher zum gemeinsamen Verstauben mit dem Spielzeug. Die Eltern nehmen das als betrüblich hin, sie stecken diese Gemeinheit ein, sie stellen sich um, aus der Ferne beobachten sie die ihnen noch gestatteten Lebensregungen der Kinder unscharf, sie sind für ein paar gnädig verbesserte Sichtverhältnisse dankbar. Es existiert kein jemals noch ehrlicher, passender, zwischen uns aussöhnender Umgangston mehr. Jetzt sind wir höflich. Keine Fehler machen uns einander erklärlicher und glaubwürdiger, statt dessen zwängen wir uns in Tugenden, durch die wir uns bloß achtungsvoll lieben, wir schätzen uns sehr, wir lieben uns begrifflich und unfreiwillig.

Aus feigem Liebesmangel, aus nackter Liebesangst, habe ich mich vor den unwillkürlichen Empfindungen in Sicherheit gebracht. Für mich versteht sich nichts mehr von selbst. Ich erfahre mein Erwachsensein als schuldige Unzulänglichkeit. Ich benehme mich ja wie ein roher, abgebrühter Vormund der Mutter. Keine Haltung gegenüber den von Kindern kindlich zu Ende benutzten Eltern überzeugt mich. Mit jeder neu anprobierten Haltung verrate ich die Kindheit.

Mit den paar erwachsenen Haltungen und den verworrenen Empfindungen ist keine Übereinkunft zu finden. Diese vergangenen Eltern! Da laufen sie ja noch herum. Auf Eltern muß man bedingungslos angewiesen sein: vorbei. Erinnerungswerte aus Porzellan, zerbrechliches, liebes, von vielen Teeablagerungen angebräuntes Zeug, sie stehen in meiner Vitrine. An Sonn- und Feiertagen werden sie zärtlich benutzt, falls ich es nicht vergesse. Welche Trauer und welche glücklose einfallslose Sehnsucht, weil ich zum Beispiel eine Geborgenheit von jetzt nicht mehr diesen kindheitsgeschichtlichen Leuten von damals verdanke! Nur mehr Andenken ziehe ich von ihnen ab. Die Gegenwart ist funktionslos."

Um das zu ändern, nimmt sie sich vor:

„Die Mutter in einen reellen Gebrauch nehmen. Unter anderem auch diesen Nutzen so ausarten lassen, daß die Mutter einen Widerstand aufbringen kann. Als eine Person, von der man profitieren will, wird sie sich beschützt fühlen, sie wird sich als diese allerwichtigste Person wiedererkennen können, die sie als die Mutter von richtigen Kindern gewesen ist. Ich habe aber für die tägliche Zukunft nicht ausreichend Einfälle, um mit irgendwelchen selbstsüchtigen Anschlägen auf die Mutter die wunschlose Öde dicht genug zu bepflanzen. Eigentlich brauche ich nichts. Ich will nichts weiter von ihr. Eigentlich will ich meine schreckliche Ruhe."

Der ganze quälende, gequälte Monolog kann es nicht

rückgängig machen: Die Mutter wird sich nie wieder als die „allerwichtigste Person" wiedererkennen. Aber die Mutter selbst scheint das auch gar nicht zu erwarten. Was der Tochter so schwerfällt, ist die einfache Anerkennung der Mutter, wie sie jetzt ist: eine gar nicht selbstmitleidige, gar nicht wehleidige Frau, die erstaunlich wenig mit dem Früher vergleicht, was sie jetzt ist und hat. Daß die Zeit der Tochter im wesentlichen Arbeits-Zeit ist und die der Mutter im wesentlichen Warte-Zeit geworden ist – darunter leidet die Tochter, während die Mutter es akzeptiert. Aber im Prozeß des Schreibens nähert sich auch diese Autorin-Tochter der Mutter von heute und lernt, sie ohne ständige Schuldgefühle wahrzunehmen. Sie begreift, wie sie schreibt: Es sei „der Wahrhaftigkeit ihrer Beziehung nützlich", daß sie eben nicht „einfach nur abgeklärt in falschem Frieden über die Mutter dächte, über sie weg", sondern sich ernsthaft einlasse auf ihr Anderssein.

Das Brauchen und Gebrauchtwerden stand auch im Mittelpunkt der Beziehung von Mutter und Tochter, von denen *Judith Kerr* in ihrem autobiographischen Roman *„Eine Art Familientreffen"* erzählt. Hier besteht ein besonders scharfer Kontrast zwischen Damals und Heute, der verdichtet wird in dem anrührendsten Bild des Buches: Als die erwachsene Tochter am Krankenbett der Mutter sitzt, die an den Folgen eines Selbstmordversuchs im Koma liegt. Der Kopf der Tochter ist voll von Erinnerungsbildern in der Ruhe und Leere, dem Warten in dem weißen Krankenhauszimmer:

Wie beweglich die Mutter war, immer sieht sie sie in Bewegung; wie sie in den Jahren der Emigration (es handelt sich um die Familie das Kritikers und Publizisten Alfred Kerr) eine ungeheure Stärke bewies, mit der sie die Familie am Leben hielt. Das war die Mama, tapfer, lebenstüchtig, praktisch und einfallsreich, jung – und immer anwesend.

Sie war imstande, alle die zahllosen Probleme zu lösen, mit denen jüdische Flüchtlinge im Ausland zu kämpfen hatten.

„Mama brachte es fertig, daß uns alles ganz normal vorkam." Und jetzt? Jetzt hat sie in einer Lage, die der Tochter, verglichen mit den Bedrohungen der Emigrationsjahre, eher harmlos erscheint, zu einer Überdosis Schlaftabletten gegriffen. Beim Nachdenken erlebt die Tochter eine der vielen nicht umkehrbaren Situationen für Mutter und Kind:

Wie oft hat eine Mutter ihr Kind mit geschlossenen Augen, schlafend, gesehen – wie oft und wie befriedigt. Wie selten oder nie hat dagegen das Kind die Mutter mit geschlossenen Augen gesehen – wie selten und wie unzufrieden.

All das geht der Tochter durch den Kopf, während da vor ihr die Mutter mit geschlossenen Augen liegt, unerreichbar. Sie ruft sie wieder und wieder bei dem Namen, der zu ihrem Eigennamen geworden ist: „Mama! Mami!" Immer wieder: „Mama, wir brauchen dich!" Und fragt sich dabei: „War das wirklich auch nur teilweise wahr? Das schien jetzt nicht wichtig."

Mit aller Kraft der Konzentration ringt sie um das Bewußtsein, das Wachwerden der Mutter. Und endlich erreicht sie sie. Am nächsten Tag wiederholt sie ihre Appelle an die Frau als „Mami" und holt sie damit endgültig aus dem Koma heraus.

Als der Bruder am Krankenbett erscheint, fühlt sie sich vollständig an den Rand gedrängt. Die Mutter hat nur noch Augen für ihn. Er spricht viel weniger rücksichtsvoll mit ihr als die Schwester, und Anna, die doch die Mutter wieder zurück ins Leben gerufen hat, registriert, um wievieles dankbarer die Mutter dem Sohn ist für die Zeit, die er ihr von seiner Arbeit und seiner Familie abzweigt, wie überzeugt von der Wichtigkeit seiner Familie, seiner Beschäftigungen. Was sie aufgegeben hat, um zur Mutter zu eilen, scheint demgegenüber nicht der Rede wert.

Dann kommt es zum Ausbruch der langsam genesenden Mutter. „‚Ich *war* eine gute Mutter', rief sie. ‚Ich weiß es. Alle haben gesagt, was für eine gute Mutter ich sei.' ‚Natürlich warst du das', sagte Max. Plötzlich war es still. ‚Aber warum denn', sagte Mama, ‚warum ist dann jetzt alles so schrecklich?' ‚Ich weiß nicht', sagte Max, ‚vielleicht weil wir jetzt erwachsen sind.'"

Das „Eigene" dieser Frau war wie bei Ma, wie bei Gabriele Wohmanns Mutter das Da-Sein für die Familie. Da sie aber viel weniger in Konventionen gehalten und aufgehoben ist als jene, kommen jetzt ihre kindlichen Abhängigkeits- und Trotzzüge zum Vorschein, die sie in den Notjahren sich nie hatte durchgehen lassen dürfen. Bevor die Tochter wieder von Berlin nach England zurückkehrt, kommt es noch einmal zu einen Grundsatzgespräch, mitten im Abschiednehmen.

„‚Dann sagte sie noch einmal: ‚Ich werde dich vermissen.'

‚Ich werde jeden Tag schreiben', sagte Anna. Sie hatte sich das schon früher vorgenommen. ‚Auch wenn es nicht sehr interessant ist. Wenn du also deprimiert bist oder Konrad sehr viel zu tun hat oder so, dann weißt du, daß du wenigstens *etwas* erwarten kannst.'

‚Das ist nett', sagte Mama. Sie dachte einen Moment nach. Dann sagte sie: ‚Es tut mir leid – ich verstehe ja, daß ich euch allen viel Mühe gemacht habe, aber, weißt du, ich sehe immer noch nicht ein, warum ich es nicht hätte tun sollen.'

Anna war peinlich überrascht.

‚Um Himmels willen, Mama.'

‚Nein, hör mir zu – wir wollen uns nichts vormachen. Sprechen wir ehrlich darüber.' Mama war sehr ernst. ‚Ich bin sechsundfünfzig, und ich stehe allein. Ich habe alles getan, was ich tun mußte. Ich habe dich und Max aufgezogen, euch während der Emigration durchgebracht, ich habe für Papa gesorgt, habe es erreicht, daß seine Bücher wieder aufgelegt werden, wie ich es ihm versprochen hatte. Niemand braucht mich mehr. Warum sollte ich nicht sterben, wenn ich es wünsche?'

'Natürlich brauchen wir dich', sagte Anna, aber Mama winkte ungeduldig ab.

'Ich habe gesagt, wir wollen ehrlich zueinander sein. Ich will nicht sagen, daß ihr euch nicht freuen würdet, mich gelegentlich zu sehen, etwa Weihnachten oder so, aber ihr *braucht* mich nicht mehr.' Sie sah Anna herausfordernd an. 'Sag mir', sagte sie, 'sag mir ehrlich, was hätte es dir ausgemacht, wenn ich gestorben wäre?'

Anna wußte sofort, was es ihr ausgemacht hätte. Sie hätte sich für den Rest ihres Lebens Vorwürfe gemacht, daß sie Mama keinen Grund gegeben hatte, weiterzuleben. Aber man konnte niemanden bitten, am Leben zu bleiben, nur damit man sich keine Vorwürfe machte."

Die Mutter, die mit ihrer kindlichen Unbedingtheit festhält an einem Gebrauchtwerden in der Totalität von früher, sträubt sich dagegen, daß sich die Beziehung zwischen ihr und der Tochter gewandelt hat, daß es etwas jenseits des Brauchens gibt. Sie ist stehengeblieben in der Zeit, die sie im Rückblick als die intensivste betrachtet. Auch hier macht das Vergleichen ungerecht. In ihrer Antwort versucht die Tochter, eher hilflos, auszudrücken, daß sie statt wechselseitiger Abhängigkeit wechselseitiges Interesse, starke Anteilnahme, Verläßlichkeit im Mitfühlen meint:

„'Ich will dir sagen, was es für mich bedeutet hätte', sagte sie. 'Obgleich du den Grund vielleicht nicht für ausreichend halten wirst. Aber bei allem, was ich erlebe, ob ich nun eine neue Stelle kriege oder auch bei ganz unwichtigen Sachen, zum Beispiel, wenn ich zu einer Party gehe oder mir ein neues Kleid kaufe, dann ist immer mein erster Gedanke: das muß ich Mama erzählen. Ich weiß, daß ich das nicht immer tue. Ich schreibe nicht immer, und wenn wir uns dann sehen, habe ich es vielleicht vergessen. Aber ich denke es immer. Und wenn du tot wärst, könnte ich es nicht mehr denken, und was dann passiert, ganz gleich was es ist, wäre nicht mehr halb so viel wert.'

Sie schaute Mama erwartungsvoll an.

‚Das ist sehr lieb von dir', sagte Mama. ‚Aber es ist kein Grund zum Weiterleben.' Sie schnüffelte, und ihre Augen waren plötzlich wieder feucht. ‚Aber trotzdem, es ist sehr lieb von dir', sagte sie.

Danach wußten beide nicht mehr recht, was sie tun sollten, bis Mama schließlich nach der Pralinenschachtel griff und sagte: ‚Möchtest du nicht eine Praline?'"

„Grund zum Weiterleben" – das ist für diese Mutter ein für allemal definiert worden damals, in den Jahren der extremen Herausforderung an ihre Person. Alles *andere* erlebt sie nur als *weniger*. Eine andere jüdische Frau, eine weiser gewordene, spricht die Gegenrede zu dieser bedrückenden Rückwärtsgewandtheit. Sie sagt:

„Ihre Mutter ist alt genug, um zu wissen, ob sie leben oder sterben will", und, noch entschiedener: „Hören Sie mal, können Sie denn nicht verstehen, daß es Sie überhaupt nichts angeht?"

Diese Frage wird jede Tochter für sich aufs neue beantworten müssen.

Mir ähnlich, doch von eigener Art

„Als ich diese Woche alte Fotografien aus dem Archiv durchschaute, (...) fand ich keinen klaren Bruch mit der Vergangenheit. Als ich die Bilder alle nebeneinander legte, die von meiner Tochter und meiner Enkelin, von meiner Großmutter als junger Frau und Aufnahmen, die sie so zeigten, wie ich sie zuletzt gekannt hatte, von meinem Vater mit meiner jüngeren Schwester, und viele Jahre später mit meiner Mutter, und von mir selbst als Kind mit meinem Bruder, und von meinen heranwachsenden Geschwistern, fand ich, daß in allen diesen Bildern etwas von Wiederholung war. Jedes einzelne war ein Bild von einer Person in einem ganz bestimmten Augenblick, aber wie sie so vor mir ausgebreitet lagen, erkannte ich das Muster, das meine Familie für mich darstellt."

Selten hat eine von den hier versammelten Frauen so dankbar zurückblicken können auf eine Generationen-Kette ohne Schwere wie *Margaret Mead,* die bedeutende amerikanische Völkerkundlerin, in ihrer Lebensbeschreibung *„Brombeerblüten im Winter"*.

Sie ist in ihrem Lebensrückblick schon auf Seite 200 angelangt, als sie von der Geburt der Tochter als einem entscheidenden Ereignis berichtet. Das heißt: Lange, bevor sie Mutter wurde, ist sie – ungemein erfolgreich – Wissenschaftlerin gewesen, hatte mehr als eine Ehe und mehr als eine Scheidung erlebt, hatte sich als Pionierin in der Feldarbeit auf Südsee-Inseln erprobt. Dort hatte sie sich geübt im Beobachten all der bis ins Extrem gehenden Unterschiede beim Umgang mit Säuglingen bei den verschiedenen Stämmen, beim Umgang mit Heranwachsenden und der Art, sie zu dem Bewußtsein gelangen zu lassen, männlich oder weiblich zu sein. Die sieben Südsee-Gesellschaften, deren Sprachen sie lernte und in denen sie sich jahrelang aufhielt, lieferten ihr faktisch alle denkbaren Spielarten für das Vater- und Mutter-Sein (um nur diesen Bereich herauszuheben) sowie für das Sohn- und Tochter-Sein.

Mir kam beim Lesen der Gedanke, daß es keine bessere Vorbereitung aufs Eltern-Sein geben könne als eine solche großzügige Erweiterung des eigenen Erfahrungs-Horizonts – wie sie ja auch, wenn auch weit weniger ausgreifend ins Exotische, unsere Reise hier zu den unterschiedlichsten Müttern und Töchtern anstrebt.

Als Margaret Mead mit 38 Jahren ihr erstes Kind bekam, versuchte sie bewußt, ihr eigenes Wissen mit all den Beobachtungen zu kombinieren, die sie an und mit Säuglingen in vielen Kulturen gemacht hatte.

„Ich erzog mich dazu, nicht zu erwarten, daß das Kind in irgendeiner Weise etwas Besonderes sein würde – nach meinen Vorstellungen. Ich war zutiefst davon überzeugt – und bin es heute noch –, daß dies der entscheidende Punkt ist, wenn man ein Kind zur Welt bringen möchte, das seine eigene, einmalige und klare Identität hat.

So erzog ich mich dazu, weder auf einen Jungen noch auf ein Mädchen zu hoffen, sondern offen zu bleiben. Ich erzog mich dazu, mir kein Bild davon zu machen, wie das Kind aussehen würde, und mir keine Erwartungen hinsichtlich der Begabungen zu machen, die er oder sie haben oder nicht haben würde. Das war typisch für mich, denn ich hatte gelernt, sorgsam die Macht einzukalkulieren, die meine Phantasie über die Gedanken und Träume anderer Leute ausüben konnte."

Und noch dies:

„Ich wußte, daß ich schwer daran würde arbeiten müssen, mein Kind nicht zu sehr zu beschützen, sondern es vielmehr in seinem Recht darauf zu fördern, selbst im Leben Fuß zu fassen und eine eigene Person zu werden."

Wie wohltuend, einer Mutter zu begegnen, die sich gut genug kennt, um nicht die Erziehung ihres Kindes zu planen, sondern ihre eigene.

Bei Margaret Mead zeigt sich die Verkettung der Generationen in ihrer glücklichsten Ausprägung:

„Vielleicht gibt es nichts Wertvolleres für ein Kind, als mit einem Erwachsenen zu leben, der stark ist und lieben kann" – das stellt sie als eine der Voraussetzungen dar, die in ihrem eigenen Elternhaus gegeben waren. Als drittes Wichtige nenne sie, daß es ein Mensch sein müßte, der „genau das meinte, was er sagte" – der also keine unausgesprochenen, doppelbödigen Botschaften und Appelle aussandte. Sie meint nicht ihre Mutter, sondern ihre Großmutter. Diese wirkte als segensreiches Korrektiv des mütterlichen und väterlichen Einflusses:

„Ich glaube, es war meine Großmutter, die es mir leicht machte, eine Frau zu sein. Sie war ohne Zweifel sehr weiblich – klein und zierlich und hübsch und völlig frei von männlichem Protest oder dem feministischen Gefühl, benachteiligt zu sein. Sie hatte die Universität besucht, als das für Mädchen noch sehr ungewöhnlich war, sie hatte eine klare Vorstellung von allen Dingen, denen sie ihre Aufmerksamkeit schenkte, sie hatte geheiratet und ein Kind bekommen, und sie hatte eine eigene Karriere. All das traf auch auf meine Mutter zu. Aber meine Mutter war von einem leidenschaftlichen Zorn über die Situation der Frauen erfüllt, den meine Großmutter vielleicht geteilt hätte, wenn mein Großvater noch gelebt hätte, wenn sie fünf Kinder bekommen und wenig Gelegenheit gehabt hätte, ihre besonderen Begabungen und ihre Ausbildung zu nutzen. Aber wie es sich ergeben hatte, waren die zwei Frauen, die ich am besten kannte, Mütter und hatten eine akademische Ausbildung. Also hatte ich keinen Grund, daran zu zweifeln, daß Verstand zu einer Frau paßte. Und da ich die gleiche Art zu denken wie mein Vater hatte – die der seiner Mutter gleich war –, lernte ich, daß Geist nicht geschlechtsgebunden ist."

Diese Tochter brauchte nichts von ihrer Kraft zu binden an das Unterdrücken eigener Begabungen und Bedürfnisse. Sie war nicht gefesselt im Kreisen um verschüttete dunkle Zonen der eigenen Vergangenheit. Mit großem Selbstvertrauen richtete sie ihre Wünsche ins Weite: auf die Erforschung des Lebens anderer Menschen und fremder Kulturen.

Auf dem Hintergrund der Lebensgeschichte der Margaret Mead erscheint mir manches Einengende und Behindernde, das in so vielen Frauengeschichten auftaucht und wiederkehrt, zu überwinden. Es scheint mir viel von seiner Unvermeidlichkeit zu verlieren:

was Amalie Dietrich als unauflösliches Entweder – Oder (entweder Forscherin oder Mutter) über sich verhängt sah, bei dem sie für das eine, das sie gewann, das andere Wichtige uneinholbar verlor;

was die Töchter, von denen Waltraud Mitgutsch erzählt, einsperrte in eine Tradition gebrochenen Willens;

was Sylvia Plath bis zum Zerreißen erfuhr als Widerstreit von Selbstbild und Frauenrolle, von Gewolltem und Gesolltem;

was Cordelia Edvardson wie das Mädchen Pony die Selbstzerstörung verstehen ließ;

was bei Elfriede Jelinek als „mütterliche Bande" wie ein unentrinnbarer Zwangszusammenhalt erscheint.

Margaret Meads Geschichte kann Mut machen. Auch dies Leben hat Leid und Enttäuschung gekannt, aber es bedarf keiner Beschönigungen und keiner Überhöhungen auf Märchen- oder Mythen-Wegen, um mit ihnen fertigzuwerden.

Die Grundüberzeugung dieser Familiengeschichte hebt sich hell ab von dem, was gerade die Verstrickungen so mancher Mutter-Tochter-Geschichte ausmacht:

Nicht die Ähnlichkeit, die Übereinstimmung werden erwartet, sondern die Unterschiede zwischen den Menschen – auch: Mutter und Tochter – sind zu erkennen und als eigenständig Interessantes zu akzeptieren.

Eine kleine Episode aus Margaret Meads Leben illustriert das. Sie bereitete sich gerade auf ihre Studienzeit im „freien und demokratischen Westen" der USA vor.

„Mutter ließ mich meine Kleider selbst entwerfen, und ein Schneider kam ins Haus, um sie zu nähen. Ich entwarf ein Abendkleid, auf dem ein Kornfeld mit Klatschmohn gegen einen blauen Himmel mit weißen Wolken zu sehen war. Der Rock aus steifem, silbergrünem Stoff war plissiert und mit Klatschmohn verziert. Die Bluse war aus blauem und weißem Georgette. Es war ein romantischer Einfall, aber das Kleid war entsetzlich. Jedenfalls hatte Mutter ihre Pflicht getan, indem sie es mich selbst entwerfen ließ. Der Schneider machte mir auch gesmokte Abendblusen aus Crêpe de Chine. Aber ich hatte kein einziges Kleidungsstück, das irgendwie dem ähnelte, was die Mädchen in DePauw (ihrem künftigen College) wirklich trugen."

Die Tochter, *Catherine Bateson,* nennt ihr Buch ausdrücklich: *„Mit den Augen einer Tochter"*. Sie widmet es nicht ihrer Mutter – obwohl sie ihr darin ein lebendiges Denkmal setzt, ebenso wie ihrem Vater Gregory Bateson, von dem die Mutter schon in der Kindheit der Tochter getrennt lebte, mit dem sie aber wie auch die Tochter befreundet blieb –, sondern sie widmet es ihrer „zweiten Mutter", der

Freundin von Margaret Mead. Auch das gehört zu den Glücksfällen dieser Mutter-Tochter-Beziehung: Da gab es dank der geselligen Art der Mutter immer andere, Freundinnen und Freunde, die zuverlässig da waren, wenn das Kind sie brauchte. Die Tochter schreibt:

„Meine Mutter hat mich nie nach Samoa oder Bali oder Neuguinea mitgenommen, aber mir scheint, daß das komplexe Mosaik unserer Freundschaften eine mindestens ebenso gute Einführung in Anthropologie war wie jede Feldstudienreise."

Nicht nur in Anthropologie wurde Margaret Meads Tochter so lebenspraktisch eingeführt, daß sie dieses auch studierte und später darin arbeitete. Die Einführung war überzeugend: Auch sie war fasziniert vom Anderssein der anderen, von der „Toleranz für Unterschiede".

Catherine Bateson verdankte ihrer Mutter aber noch mehr. Sie schreibt:

„Sie glaubte, daß anständige und liebevolle menschliche Beziehungen durch rücksichtsvolle Höflichkeit erhalten blieben. Und so war es klar, wenn sie über Sexualität und menschliche Körperfunktionen sprach, daß sie mich zu einem Menschen erziehen wollte, der sowohl anständig – äußere Formen respektierend – als auch frei und spielerisch sein konnte, sich an der eigenen Weiblichkeit freute und nicht durch sein Geschlecht eingeengt war. Es machte Spaß, eine Frau zu sein. Und während ich lernte, daß es für intelligente und entschlossene Frauen in dem, was sie erreichen wollten, keine Grenzen gab, lernte ich zugleich auch die Tatsache schätzen, daß ich eine Frau war, ja, das ganze Ausmaß weiblicher Möglichkeiten im Bereich von Spiel und Verfeinerung, und mich auf die Mutterschaft zu freuen. Als kleines Kind frage ich sie einmal, als wir am theologische Seminar vorbeigingen, ob Mädchen Priester werden könnten; und als sie verneinte, sagte ich zuversichtlich: ‚Na ja, bis ich groß bin, haben sie auch erfunden, daß Mädchen Priester werden.'"

„Margaret war entschlossen, daß ich mit einem Gefühl der ‚Freundlichkeit' dem eigenen Körper gegenüber aufwachsen sollte und insbesondere ohne negative Gefühle in bezug auf die Menstruation. Sie war überzeugt, daß es ganze Völker gibt, die nicht unter Menstruationsbeschwerden leiden, oder daß zumindest in manchen Gruppen die körperlichen Gefühle zu Beginn einer Menstruationsperiode normalerweise nicht als Beschwerde betrachtet werden."

„Freundlichkeit gegenüber dem eigenen Körper" – diese verkörperte und vermittelte Einstellung scheint mir etwas genauso hilfreich Beschützendes zu sein wie jene drei Blutstropfen aus dem Märchen „Die Gänsemagd".

Catherine Bateson heiratete einen Armenier.

Mit ihrer kleinen Tochter Vanni wollte sie zu einem längeren Aufenthalt bei einer traditionellen iranischen Familie aufbrechen. Das Kind war erst drei Jahre alt, und die Mutter war etwas besorgt, wie sie mit all dem Ungewohnten zurechtkommen würde. Aber da in dieser Familie die Tradition herrschte, den Respekt vor Andersartigkeit geradezu als das höchste Gut einzuschätzen, zögerte Margaret Meads Tochter nicht, ihrer kleinen Tochter eben dieses zuzumuten. Sie bereitete sie einfühlsam vor:

„Den ganzen Tag würde sie ausschließlich Persisch hören; sie würde sich in einer sehr dichten Gruppe von Menschen befinden (die zehn Kinder des Haushaltes teilten drei kleine Zimmer); sie würde auf Matten auf dem Fußboden schlafen und persische Mahlzeiten essen, eine Erdtoilette und Wasser statt Toilettenpapier benutzen; sie würde sich damit auseinandersetzen müssen, daß mein Kopf ständig bedeckt sein würde.

Eine Woche vor unserer Abreise begann ich also, ihr eine Reihe von Geschichten zu erzählen, die in den Rahmen dessen, was sie damals verlangte, hineinpaßten – ‚erzähl mir eine Geschichte über Stacy, die Kuh', wie meine Mutter Geschichten und Kinderbücher benutzt hatte, um mich etwas über Rasse oder Sexualität zu lehren. Eines Tages entschloß sich Stacy, die Kuh, mehr über Pferde zu lernen, die am anderen Ende des Stalles lebten, und so zog sie zu ihnen. Und sie fand heraus, daß sie in Boxen wohnten, vor einen Pflug gespannt wurden, Hafer *und* Heu zu futtern bekamen und miteinander wieherten – nicht muhten. An einem anderen Abend, bevor es Zeit war, schlafen zu gehen, wollte Stacy die Hühner besser kennenlernen und zog ins Hühnerhaus. Und da pickten sie ihre Körner vom Boden auf und ließen sich vom Hahn herumkommandieren. Und so zog Stacy die ganze Woche lang auf ethnographische Erkundungsreisen, zu den Schweinen und den Schafen und den Ziegen und allen Tieren auf dem Bauernhof. Und jedesmal, wenn wir in dem iranischen Haushalt in Schwierigkeiten zu geraten drohten, erinnerte ich Vanni: ‚Weißt du nicht mehr, wie schwer es für Stacy war, auf der Hühnerstange einzuschlafen? Erinnerst du dich noch daran, wie schwierig es für sie war, zu den Schafen nett und höflich zu sein, wenn die doch immer nur Bäh-Bäh sagten?'"

Ich glaube, es tut gut, auch von solchen heilsamen, offen- und weitmachenden Traditionen einer Frauengeschichte zu hören, von einem Klima wechselseitigen Respekts und der Überzeugung, daß die Freiheit der Töchter ganz wesentlich mitbestimmt ist vom Selbstvertrauen der Mütter. Da kann dann die herzlich geliebte Abhängigkeit des „Sorgens" und „Brauchens" verabschiedet werden und Platz machen einer Gemeinsamkeit, die mit dem Alter nicht geringer wird.

Was aus den drei Blutstropfen wurde: Märchenmutter, Märchentochter – heute

Mit den alten Märchen hatten wir angefangen.

Aufhören wollen wir mit einem Märchen von heute. Die Schweizerin *Rahel Hutmacher* hat es geschrieben und nennt es *„Tochter"*.

Eine einzige Stimme spricht: eine Mutter. Und doch: Wie viele mütterliche Stimmungen, mütterliche Erfahrungen werden laut, ausgeslöst von der einen, die als Leitmotiv immer wieder aufklingt: „Meine Tochter ist mir weggegangen."

Wie in den alten Märchen treten noch die sprechenden Tiere auf, gibt es den Zauber von Talisman und Mond, die archetypischen Mächte von Nacht und Tag, Kälte und Wärme.

Aber im Mittelpunkt steht immer das Abschiednehmen von der Kindheit des Kindes, für die zwei, für Mutter und Tochter. Die Mutter erscheint sich und dem Kind immer wieder als eine andere: mal recht und geliebt, mal unrecht und gehaßt. Und auch die Tochter erscheint immer wieder als eine andere: mal anhänglich weich, mal hart und fremd.

Im Märchen-Spiel enthüllt sich ein Gleichnis.

„Allein

Meine Tochter ist mir weggegangen. Die Hälfte meines Herzens hat sie mir ausgerissen, als ich schlief, und ist damit weggegangen. Meine Stimme hat sie mir aus meinem Mund gestohlen, als ich nach ihr rief. Jetzt kann ich nicht mehr rufen Komm zurück. Ich fleh euch an: Gebt mir meine Tochter wieder.

Wir können dir nicht wiedergeben, was dir nicht gehört. Du bist von jetzt an allein.

Aber sie gehört mir doch. Gebt sie mir zurück. Sucht sie, holt sie, bringt sie mir zurück.

Sie gehört dir nicht. Sie gehörte dir nie.

Aber sie braucht mich doch. Sie muß essen, sie muß trinken, sie muß eingesungen sein. Sie muß gewiegt werden für die noch bleibenden Tage.

Du kannst sie wohl wiegen: wenn sie will. Wenn sie nicht will, mußt du sie gehenlassen: sie gehört dir nicht.

Aber sie ist doch noch klein. Sie ist neugeboren. Noch hat sie Schwalbenknochen. Noch ist sie einäugig und einhändig. Zwölf Häute hat sie noch zuwenig. Bringt mir meine Tochter wieder, ich bitt euch.

Wir können sie nicht wiederbringen. Du bist von jetzt an allein. Von jetzt an bist du ungeschirmt: wie alle andern auch. Von jetzt an wartest du.

Vielleicht kommt sie zurück: wenn du gerade schläfst. Vielleicht ißt sie von deinem Essen: wenn du nicht zusiehst. Sie wird wissen wieviel, du nicht, du nie mehr. Sie wird gehen und kommen wie geschneit; wird dich ansehn oder nicht: du kannst sie nicht locken.

Sie wird dich lieben, wann sie will, weswegen sie will. Sie wird dich hassen und dir nicht sagen warum. Sie wird dir nachts Geschenke bringen: wenn du schläfst und sie nicht mehr erwartest. Sie wird gekränkt sein, wenn du ihr dafür dankst. Wenn du ihr nicht dankst, wird sie gekränkt sein und sieben Jahre nicht mehr kommen.

Womit kann ich sie anbinden.

Du kannst sie nicht anbinden. Immerzu wird sie von dir weggehen und alles liegenlassen, was du vor ihr aufhäufst, das süße Essen, die sieben Gaben, die neuen Schuh."

„Genug

Das Bett ist meiner Tochter zu weich geworden: über Nacht. Aber Töchterchen, seit du lebst, schläfst du in diesem Bett: nie war's dir weich genug. Doch, schreit meine Tochter, zerreißt die Kissen mit Zähnen und Klauen, schlitzt die Decken auf, schlägt ins Federgestöber.

Zu weich, seit wann denn, Töchterchen.

Immer schon.

Meine Tochter ißt nicht mehr, was ich ihr koche. Warum, Töchterchen. Zu süß, schreit meine Tochter und wirft mir ihren Brei ins Gesicht.

Aber Töchterchen, nie war er dir süß genug, weiß genug; Töchterchen, das kann nicht sein. Aber meine Tochter schreit: Zu süß, zu süß.

Seit wann denn, Töchterchen.

Immer schon.

Sie tobt aus meiner Küche und ißt nichts mehr.

Wenn ich meine Tochter berühre, schreit sie auf, als wollt ich sie brennen. Aber Töchterchen, ich tu dir doch nichts. Sie läßt sich nicht mehr kämmen von mir, trösten von mir; geh weg, schreit sie und schlägt nach mir.

Töchterchen, was ist mit dir. Immer hast du mir im Arm gelegen, im Schoß gesessen, hast nach meiner Brust gesucht. Hast dich tragen lassen, trösten lassen, ganze Nächte nur wiegen lassen: hast dus vergessen.

Nein, schreit meine Tochter und stößt meine Hand weg, wenn ich ihr Haar berühren will, ihre goldne Bienenhaut. Geh weg; beißt mich in die Hand, stößt mich aus der Tür und riegelt hinter mir zu.

Warum, Töchterchen, ruf ich durchs Türholz.

Zu nah, schreit meine Tochter auf der andern Seite der Tür.

Seit wann denn, Töchterchen.

Immer schon, schreit meine Tochter und weint.

Töchterchen.

Aber meine weinende Tochter hat ein dickes Türholz zwischen uns gestellt: ich kann sie nicht halten, nicht wiegen, nicht sagen Weine, weine, wein nicht mehr.

Muß ich gehen und mich anklagen: zu weich also, zu süß, zu nah; immer schon.

Das kann nicht sein, das ist nicht wahr. Wer hat denn nächtelang geweint und ist erst eingeschlafen, als ich ihr Flaumfederchen in die Kissen stopfte: nie genug. Wer hat den Brei denn ausgespuckt, bis ich löffelweise Zucker Zukker in den süßen Brei rührte: nie genug. Wer konnt nicht schlafen, ohne eingewiegt zu sein: Bleib noch, geh nicht, geh noch nicht. Griff nach meiner Hand, hing mir Stein am Arm, an der Schulter, Klotz am Bein: laß mich nicht los, halt mich, wieg mich: nie genug.

Töchterchen, komm raus, ich muß mit dir reden. Töchterchen, so geht das nicht: da stimmt doch etwas nicht.

Kommt meine Tochter aus ihrer Tür: mit dem Messer in der Hand, mit spitzgefeilten Zähnen. Setzt keinen Fuß mehr in mein Haus, bleibt vor der Türe stehn: mit gesträubten Haaren. Nur wenn du mich nicht anfaßt, sagt meine Tochter und zieht die Lippen von den spitzen Zähnen.

Also gut, sag ich erschrocken.

Was willst du denn bereden, sagt meine sprungbereite Tochter.

Von wann an ist es denn genug, Töchterchen: das mußt du mir schon sagen. Wann beginnt zu weich, zu süß, zu nah; von wann an willst du auf dem Türholz schlafen, Salz essen und ungewiegt bleiben, ungekämmt und ungetröst.

Von jetzt an."

„*Bärin*

Den ganzen Tag lauf ich jetzt schon, ohne auszuruhen; die

ganze Nacht, ohne anzuhalten. Elsternfarbig bin ich jetzt; ich lauf in dreierlei Schuhn.

Ich lauf in größter Eile vor meiner Tochter weg. Noch denkt sie, ich spiel mit ihr. Sie versucht mich aufzuhalten; sie lacht und ruft: Ein Spiel.

Kein Spiel mehr; aber sie will nicht hören. Also geh ich, also eil ich; und sie versucht mich aufzuhalten mit allem, was sie bei mir gelernt hat.

Du hast bei mir viel gelernt, Töchterchen: gut, gut. Aber ich hab seither in der Erde gesessen und gelernt, bei der Bärin gewohnt und gelernt: du weißt nicht mehr alles, was ich weiß, du Schöne.

Lacht sie und hemmt mir die Füße, wie sie es bei mir gelernt hat; da mach ich dreimal frisches Feuer. So komm ich wieder los von ihr, so lauf ich weiter weg von ihr: elsternfarbig, schwarz und weiß.

Da vergeht meiner Tochter das Lachen. Sie schickt mir jetzt die Hasen nach: wie sie es bei mir gelernt hat. Gut gelernt, Töchterchen. Nur, was sie nicht weiß: es genügt, in einer bestimmten Art über einen bestimmten Zweig zu springen, und meine Beine sind Hasenbeine, meine Ohren Hasenohren geworden. Jetzt wolln mich ihre Hasen nicht mehr kennen.

Meiner Tochter ist das Lachen vergangen; ihre Hasen kommen zurück und sagen: Das ist kein Spiel mehr. Also wünscht sie mich jetzt aus dem Weg und ab dem Weg: wie sie es bei mir gelernt hat.

Gut gelernt, Töchterchen: du hast nichts vergessen. Nur, was sie nicht weiß: ich brauch nur meine Schuhe auszuklopfen, ich brauch sie nur über meine Achsel zu werfen; da finde ich den Weg auch sogleich wieder und eile weiter: elsternfarbig, mit einem Bärenfuß, mit einem Federfuß.

Ich trage jetzt kein Kleid mehr; mir ist ein Fell gewachsen, ein schwarzweiß Bärenpelz; ich hab jetzt Bärenfüße und einen neuen Mund.

Jetzt eilt mir meine Tochter selber nach, die Kluge, die Schöne. Sie eilt, sie fliegt: sie wendet alles an. Sie weiß nun: ich will von ihr weggehen und nie mehr wiederkommen, nie mehr. So fliegt sie mir jetzt selber nach und ist schwarz und zornig.

Sei schwarz, Töchterchen, sei zornig. Du wußtest nicht genug von mir: wie ich jetzt bin, kennst du mich nicht, kennt mich niemand mehr. Ich bin jetzt schwarz und federweiß. Ich hab jetzt neue Ohren, ich hab jetzt Bärenzähn. Ich schlaf nicht mehr: ich hab jetzt durchsichtige Lider. Wenn man mich fängt, sterb ich. Ich gehör jetzt niemandem mehr, niemandem."

Wir wollen behutsam umgehen mit diesem Märchen-Spiel und sein Gleichnis nicht herauslösen aus dem spielerischen Märchen-Ernst. Vielleicht aber dürfen wir etwas wie den Ton einer noch unerprobten, noch gestaltlosen Solidarität von Mutter und Tochter heraushören:

Beide müssen eine neue Sprache lernen, beide müssen Zeichen deuten und verstehen lernen.

Beide werden in die Welt hinausgeschickt, hinaus aus dem Brauchen, Gebrauchtwerden. Beide erfahren auch Aggression, Widerstand gegen die andere.

Beide sind jetzt: Frau.

Beide haben eine alte Geschichte gemeinsam, und auf welche Weise die neue vor ihnen eine gemeinsame sein wird, das wird sich zeigen: im leidenschaftlichen Zorn über die Situation der Frauen und in selbstbewußter Freude daran, eine Frau zu sein.

Beide erfahren das Festhalten als Grundbedingung des Loslassens, das Loslassen als Grundbedingung für das Erkennen der anderen in ihrer Wandelbarkeit in der Zeit.

Quellenverzeichnis

In Klammern: 1. Erscheinen; Seitenzahlen in der Reihenfolge der Zitate.

Andreas-Salomé, Lou: *Ma. Ein Portrait.* Cotta. Stuttgart – Berlin. 1921. (1901) S. 172–177.
– *Lebensrückblick.* Grundriß einiger Lebenserinnerungen. Aus dem Nachlaß hg. von E. Pfeiffer. Insel Taschenbuch. Frankfurt/M. 1974. S. 55–56, 57–58.
Bateson, Mary Catherine: *Mit den Augen einer Tochter.* Meine Erinnerung an Margaret Mead u. Gregory Bateson. neue frau 5904 © Rowohlt Taschenbuch Verlag. Reinbek b. Hamburg. S. 90, 108–109, 110–111, 92.
Bischoff, Charitas: *Amalie Dietrich. Ein Leben erzählt von Charitas Bischoff.* Calwer Verlag. Stuttgart. 1980. (1909) S. 128–129, 130, 296–297.
– *Bilder aus meinem Leben.* Evangel. Verlagsanstalt. Berlin (Ost). 1981. (1912) S. 38–39.
Bronnen, Barbara: *Die Tochter.* © Droemer & Knaur Verlag München. o. J. S. 64–67.
Cardinal, Marie: *Schattenmund.* Roman einer Analyse. Rogner & Bernhard. München. 1977. S. 78, 80, 81, 79–81, 51–52, 99–100.
Edvardson, Cordelia: *Gebranntes Kind sucht das Feuer.* Roman. © 1986 by Carl Hanser Verlag. München Wien. S. 9–10, 117–118, 106.
Flaubert, Gustave: *Madame Bovary.* Rütten & Loening. Berlin 1981. Bibliothek d. Weltliteratur. (1856) S. 99. Siehe auch Reclam Universal-Bibliothek Nr. 5666–70a, S. 109.
Fontane Theodor: *Effi Briest.* Reclam Universal-Bibliothek 6961–63/63a. Stuttgart 1969 (1896) S. 4, 5, 8, 9, 15.
Forster, Margaret: *Es sind die Töchter, die gefressen werden.* © 1982 für die deutsche Ausgabe Franz Ehrenwirth Verlag, München. Zit. nach der Ullstein-Taschenbuch-Ausgabe (Frankfurt/M. – Berlin – Wien 1984) S. 142, 126, 41–44, 274–278.
Grimm, Brüder: *Kinder- und Hausmärchen.* Winkler. München 1949. (1819) S. 443–445, 91, 116, 674–676.
Hutmacher, Rahel: *Tochter.* Luchterhand. Darmstadt und Neuwied. 1987. Sammlung Luchterhand 779. S. 7–8, 63–65, 100–101.
Langgässer, Elisabeth: *Proserpina.* © 1949 by Claassen & Qorets GmbH, Hamburg. S. 22.
– *Frühling 1946.* Ges. Werke, Bd. 1. Hamburg 1959.
Lessing, Doris: *Das Leben meiner Mutter.* Klaus Wagenbach. Berlin. 1987. S. 25–28, 97–98, 7, 93–94, 75.
Jelinek, Elfriede: *Die Klavierspielerin.* © Rowohlt Verlag. Reinbek b. Hamburg. S. 25–26, 6–7.

Kerr, Judith: *Eine Art Familientreffen.* Maier. Ravensburg, 1982. S. 114, 144–145, 169.

Mead, Margaret: *Brombeerblüten im Winter.* Ein befreites Leben. neue frau 4226 © 1978 by Rowohlt Taschenbuch Verlag. Reinbek b. Hamburg. S. 207–208, 47, 70–71.

Mitgutsch, Waltraud Anna: *Die Züchtigung.* Claassen. Düsseldorf. 1985. S. 7, 52–53, 136–137, 18–19, 104, 155, 130, 216.

Modersohn-Becker, Paula: *Briefe und Tagebuchblätter.* Kurt Wolff. München. 1925.

Muthesius, Sibylle: *Flucht in die Wolken.* Buchverlag Der Morgen. Berlin (Ost). 1981. S. 5–6, 11–15, 21, 27, 64–65, 294–295.

Norman, Marsha: *„Nacht, Mutter".* Stefani Hinzinger Bühnenverlag. Bad Homburg o. J.

Plath, Sylvia: *Briefe nach Hause 1950–1963.* Ausgew. u. herausgeg. von Aurelia Schober-Plath. © 1979 Carl Hanser Verlag, München – Wien S. 138–139, 27–28, 99, 245, 62–63, 136–137, 507.

– *The Journals of Sylvia Plath.* Ballantine Books. New York. 1983.

– *Die Glasglocke.* Suhrkamp Verlag Frankfurt/M. 1985. S. 161–163, 76, 77, 96–97, 194, 195–196, 226–227.

Reventlow, Franziska zu: *Ellen Olestjerne.* in: Autobiographisches. Hg. W. Rasch. Langen Müller. München. 1980. S. 17, 18, 19, 26–27, 49–40.

Sarraute, Nathalie: *Kindheit.* © 1984 by Verlag Kiepenheuer und Witsch. Köln. S. 46, 112, 47, 109–110, 16, 19–22, 32–33.

Steineckert, Gisela: *„Nachts gehn durch mein Zimmer"; „Du mußt denken, Tochter"; „Die Tochter meiner Tochter";* aus: „Lieber September", © Verlag Neues Leben, Berlin/ DDR 1981. Zit. nach der Rowohlt-Taschenbuch-Ausgabe: *Die Schönste bin ich nicht.* Erzählgedichte. S. 32, 38, 44–45.

Wohmann, Gabriele: *Ausflug mit der Mutter.* © 1976 Luchterhand. Literaturverlag Darmstadt u. Neuwied. Sammlung Luchterhand 213. 1984. (1976). S. 128–129, 121, 72–74, 75.

Wolf, Christa: *Kindheitsmuster.* Luchterhand. Darmstadt u. Neuwied. 1987. Sammlung Luchterhand 277. S. 28–29, 11, 12, 28–29, 44–45, 16.

Woolf, Virginia: *Ein Zimmer für sich allein.* Fischer Taschenbuch Verlag. Frankfurt/M. 1983 (1928).

– *Professions for Women.* Essay. Zitiert nach: Helene M. Kastinger Riley: Virginia Woolf. Colloquium Verlag Berlin. (Reihe Köpfe des XX. Jahrhunderts. Bd. 99) 1983. S. 11, 12.

– *Augenblicke.* Skizzierte Erinnerungen. Deutsche Verlagsanstalt, Stuttgart 1986. Zit. nach der Fischer-Taschenbuch-Ausgabe (Frankfurt/M. 1986) S. 109, 110, 111–112, 113–114, 115.

– *Die Fahrt zum Leuchtturm.* © Quentin Bell and Angelica Garnett 1927. Abdruck mit Genehmigung des Fischer Verlag. Zit. nach der Fischer-Taschenbuch-Ausgabe (Frankfurt/M. 1987) S. 14, 104.

Zwetajewa, Marina: *Mutter und die Musik.* Suhrkamp. Frankfurt/M. 1987. Bibliothek Suhrkamp 941. S. 7, 25, 11–12, 22, 23.

Erika Uitz
Die Frau in der mittelalterlichen Stadt
Band 4081

Stadtluft macht frei – Frauen als die treibenden Kräfte bei der Emanzipation des Bürgertums von der feudalen Herrschaft.

Christine von Weizsäcker/Elisabeth Bücking (Hrsg.)
Mit Wissen, Widerstand und Witz
Frauen für die Umwelt
Band 4093

Sie blockieren, demonstrieren und intervenieren. In allen Teilen der Welt kämpfen engagierte Frauen den Kampf für die Umwelt, gegen Lobbyisten und Dummheit.

Gunda Schneider
Noch immer weint das Kind in mir
Eine Geschichte von Mißbrauch, Gewalt und neuer Hoffnung
Mit einem Nachwort von Irene Johns
Band 4097

Alle haben es gemerkt und jeder hat geschwiegen – auch Gunda selbst. Erst als erwachsene Frau kann sie die Erfahrung des Inzests in Worte fassen.

Irmgard Johannis
Das siebente Brennesselhemd
Aufzeichnungen einer Alkoholkranken
Band 4101

Tagebuchaufzeichnungen einer Frau: von der Verzweiflung zum Begreifen, daß die Erlösung aus der Abhängigkeit von ihr selbst zu leisten ist.

Fatema Mernissi
Der politische Harem
Mohammed und die Frauen
Band 4104

„Fesselnd, mit großer Sensibilität, einer Mischung aus Zurückhaltung und Kühnheit geschrieben" (Le Figaro).

HERDER / SPEKTRUM

Sylvia Curruca
Als Frau im Bauch der Wissenschaft
Was an den deutschen Universitäten gespielt wird
Band 4180

Was frau im männerbesetzten Hochschulalltag so alles erleben kann. Die bissige Abrechnung mit einem zweifelhaften System.

Saliha Scheinhardt
Und die Frauen weinten Blut
Erzählungen
Band 4188

Drei Frauenschicksale zwischen türkischen Slums und dem „gelobten Land" Deutschland. „Ein sensibles und eindringliches Buch" (Merkur).

Ruth Salama
Tausendundeine Station
Ein Frauenleben zwischen Berlin und Kairo
Band 4190

Eine starke, faszinierende Frau findet ihren eigenen Weg: Die Liebe zu einem Ägypter läßt sie ausbrechen in eine fremde Kultur.

Helena Norberg-Hodge
Leben in Ladakh
Mit einem Vorwort des Dalai Lama
Band 4204

Mehr als ein Reisebericht. – Die Erfahrungen einer Frau, die im Grenzland Tibets eine alte Kultur neu entdeckt und für ihr Engagement den alternativen Nobelpreis erhalten hat.

Ina und Peter Heine
O ihr Musliminnen ...
Frauen in islamischen Gesellschaften
Band 4217

Frauen zwischen religiösem Ideal, rechtlicher Einengung und sozialer Realität – ein fundiertes, plastisches Portrait.

Für ein bewußtes Leben

Dietmar Mieth
Das gläserne Glück der Liebe
Band 4063

Die spannungsreiche Einheit von Eros und Verantwortung steht im Zentrum dieses sensiblen Buches.

Chérie Carter-Scott
Negaholiker
Das Rettungsbuch für alle Schwarzseher und notorischen Pessimisten
Band 4075

Das praktische Selbsthilfeprogramm für alle, die sich weniger zutrauen, als sie wirklich können. Ein wahrer Lichtblick.

Rüdiger Rogoll
Nimm mich, wie ich bin
Lieben und Lassen in der Partnerschaft
Band 4102

Rüdiger Rogoll entwirrt die komplizierten Regeln von Psychospielen in der engen Beziehung zwischen Menschen.

Dorothy Corkille Briggs
Selbstvertrauen wirkt Wunder
Wege zu neuem Lebensmut
Band 4134

Wirkungsvolle Tips zur Entwicklung eines Selbstwertgefühls, das die vielen Stolpersteine im Leben überwinden hilft.

Wolfgang G. A. Schmidt
Die alte Heilkunst der Chinesen
Ihre Kultur und ihre Anwendung
Band 4136

Akupunktur, natürliche Heilmittel und die praktischen Geheimnisse aus der Tradition einer sanften Medizin.